セオリーをくつがえすゴルフの新基本

桑田 泉のクォーター理論

90切りを常識にする アプローチ&パットの攻略法

マイナビ

はじめに

ゴルフのスコアは、全体の40％がパッティング、20％がショートアプローチです。つまり一般的には18ホール、パー72で長短のホールをラウンドするゴルフですが、実際には100ヤード以内のショートゲームがスコア全体の60％を占めているのです。

そこで、本書では僕のゴルフ理論を体系化した「クォーター理論」の根幹ともなっている、ショートゲームに焦点を絞って解説していきます。スコアの大半を占めるショートゲームが上達すれば、これまで超えられなかった「90切り」もまったく難しくなくなります。しかもショートゲームで使うパッティングやアプローチには、スイングの基本が詰まっています。パッティングやアプローチで正しい技術を身に付ければ、それがフルスイングを改善するための土台にもなります。キャッチボールができない人はいきなり野球の試合に出ても、結果が出ないのが想像できるように、ゴルフでもコースで結果を出そうと思ったら、まずは基本となるパッティングやアプローチの技術を身に付けることが必要です。

それなのに、なぜ多くの人がドライバーばかり練習するのでしょう。しかも本や映像を見て「プロのように」スイングして、何十年も結果が出ていない人ばかりです。結果が出ないのなら、「そのやり方が自分には不向きなのでは?」と考えてみるべきです。今までと違う考えを持って行動を起こさない限り、未来は変わりません。この本を手に取っている人は、まさに今こそ未来を変えるチャンスです。これまでの常識にとらわれない「クォーター理論」をぜひ試してみましょう。

ただし、新しい理論を身に付けるには、三つのことが必要となります。それは「知る」「する」「試す」という行程です。まず「知る」とは「理論を知る」ことです。ゴルフをするとき、クラブを動かすのは身体です。そしてその身体に指令を出すのは、あなたです。ですから、あなた自身が理論を理解していない限り、身体は正しく動きません。正しく身体を動かすのに「10」の要素が必要なのに、「3」しか知らなければ、いくら練習しても「10」にはなりません。

次に「する」とは「練習をする」ことです。例えば、学校の試験では何度不正解を出しても最後に正解にたどり着けば、それから後は同じ問題では間違えません。なぜなら正解がわかっているからです。しかし、スポーツでは一度正解できても、次も正解できるとは限りません。正解がわかっていても、それが身に付いていなければ正しく繰り返せないからです。だから「練習をする」のが大事なのです。僕は理論と練習の仕方を教えます。その後、あなたがどれだけ練習するかは、あなた次第であって、僕にはどうすることもできません。

最後の「試す」とは「コースで試す」ことです。理論を知って練習をしたら、それをコースで試してください。プロならそれが「試合」です。「試合」は文字通り「試し合い」と書きますよね。アマチュアだったら、コンペやラウンドに行ったとき、学んだことが実践できるかどうかを試しましょう。そこでできなかったら、また「練習」。練習してもわからなかったら、やり残していることはないかともう一度「理論を知る」段階まで振り返ります。この三つの行程を行ったり来たりすることで技術が上がっていくのです。

本書では、ショートゲームで必要な「理論を知る」ことができます。その後の「(練習を)する」「(コースで)試す」はあなた次第です。本書を入口として「知る」「する」「試す」を実践し、ショートゲームを改善していきましょう。そうすれば、これまでみなさんを悩ませてきた「90」の壁もさほど高くないことに気付くでしょう。

はじめに——3

第1章
「パッティング」の極意
3パットがなくなってスコアが激変する

第2章 寄せワンでショートゲームを制する「転がすアプローチ」の秘訣

第3章 苦手な距離が得意に変わる「ショートアプローチ」の真実

第5章 どう考え? どう攻める? アプローチの実践と応用のカギ

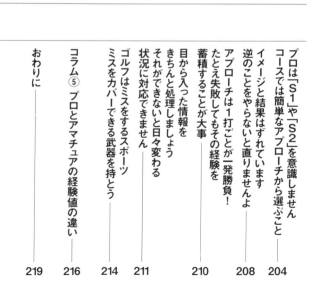

第1章

3パットがなくなって
スコアが激変する
「パッティング」の極意

ゴルフは「ボールを飛ばす」競技ではなく、「スコアを減らす」競技です

「最近、飛ばなくなったんだよな」

みなさんの周りに、こんなことを言っている人はいませんか？　あるいは、あなた自身がそう言っている本人かもしれません。でも、ゴルフという競技の目的をよく考えてみてください。ゴルフは「ボールを飛ばす」競技ではなく、「スコアを減らす」競技です。それなのに「ボールを飛ばす」ことばかり考えている人がたくさんいます。

これはダーツでいえば、狙った的に当てた方が高得点なのに、「オレの方が早く投げられるぞ」と勢いよく投げ、自分で正確性を低くしておいて、「点数が上がらない」とぼやいているようなものです。

ドライバーが飛ぶ人は「飛ぶ人」であって、「うまい人」ではありません。ゴルフが「うまい人」はスコアが良い人です。では、どうすればスコアが良くなるのか？　その最も効果的な手段はパッティングを上達させることです。

実は、ゴルフのスコアの40％を占めているのがパット数です。この比率はプロでも

素人でもあまり変わりません。仮にドライバーで300ヤード飛ばせたとしても、それだけではなかなか打数は減りません。しかし、パットを正確に決められるようになれば、確実に打数は減っていきます。18ホールを何回1パットで沈められるかが、ゴルフという競技なのです。しかもゴルファーは歳を取れば筋力が下がり、ボールを飛ばす力が落ちます。それに逆らって飛ばすことばかりを考えて、パッティングを疎かにしていたら、ゴルフは下手になっていく一方です。

そこで僕が提唱するクォーター理論では、まずパッティングの練習から始めます。しかも最も基本となるショートパットからレッスンしていきます。ショートパットのスイングはゴルフのスイングの中で一番小さいものですが、その中に大事な要素がいくつも詰まっています。ゴルフ雑誌などではよくフルスイングのトップとフィニッシュを見比べていますが、これにはまったく意味がありません。一番大事なのはトップやフィニッシュの形ではなく、クラブがボールに当たる瞬間（インパクト）の前後なのです。ショートパットのスイングで正しいインパクトができていれば、ロングパットやアプローチも良くなり、それが正確なフルスイングの土台にもなっていきます。

まずは基本を見直し、正しいショートパットを身に付けましょう。

すべての基本はショートパットにあり！もう一度おさらいしましょう

それでは、これまでクォーター理論に触れたことがある人も、そうでない人も、もう一度ショートパットの基本からおさらいしましょう。正確なショートパットは、「正しいGAP3」と「正しいストローク」によって成り立ちます。まずは「正しいGAP3」について理解しましょう。

GAP3とは、スイング時のグリップ［G］、アドレス［A］、（ボール）ポジション［P］の三つを定義付けたものです。このGAP3を正しく身に付け、ストローク時のポイントに注意することでショートパットの正確性が高まります。

まずは、あなたのグリップ［G］、アドレス［A］、（ボール）ポジション［P］がどうなっているか、見直してみましょう。

クラブを正しくグリップ［G］し、ショートパット時にふさわしいアドレス［A］を取って、正確なポジション［P］にボールを置く。この三つのことができているかどうか、順にチェックしていきます。

GAP3とは?

G	Grip（グリップ）	クラブの握り方
A	Address（アドレス）	ボールを打つときの立ち方や構え
P	Position（ポジション）	打つときのボールの位置

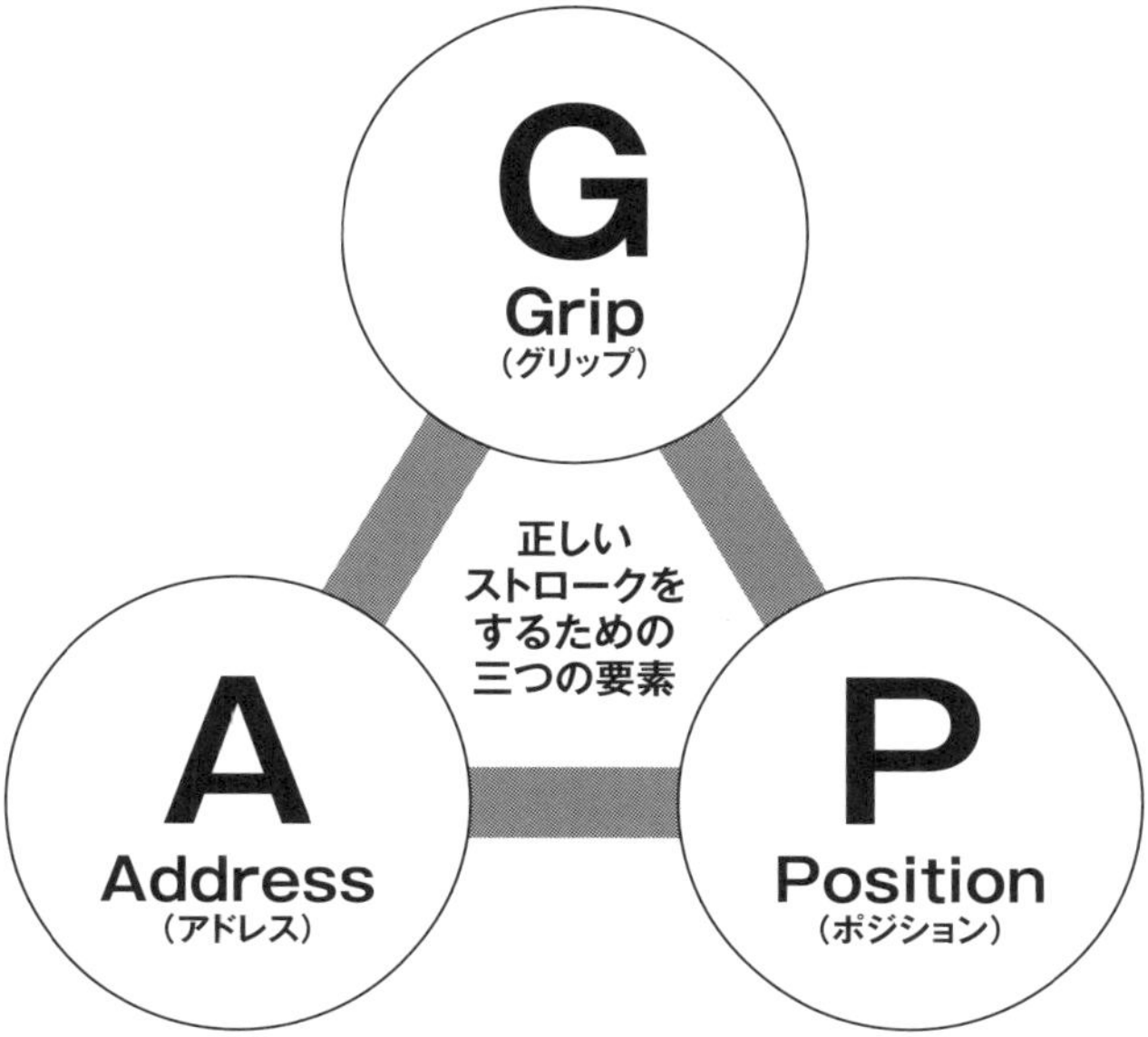

正しいストロークは、GAP3が支えています。
ストロークに入る前に、この三つの要素を確認しましょう。

【ショートパットの基礎】その1

正しいグリップ【G】

パッティング時のグリップは、次の①〜③の手順で握りましょう。左ページの写真も参照しながらチェックしていってください。

①左手の親指をパターグリップの平らな面に置き、人差し指はまっすぐに伸ばして浮かせておく。

②左手の親指に右手をかぶせてパターグリップを握る。このとき、右手の親指は左手の親指と同じ向きで縦に並ぶようにする。

③左手の人差し指を右手にかぶせて全体をロックする。

パッティングは手首を使わずに肩でストロークするのが基本です。そこでポイントとなるのが、左手の人差し指です。左手の人差し指はシャフトに沿うように伸ばし（18ページ写真ア）、左手の手の平でグリップを斜めに包むように握りましょう。

そうすることでシャフトと腕がまっすぐ一本となり（18ページ写真イ）、手首ではなく肩から腕を動かしてストロークできるようになります。

正しいグリップ

①

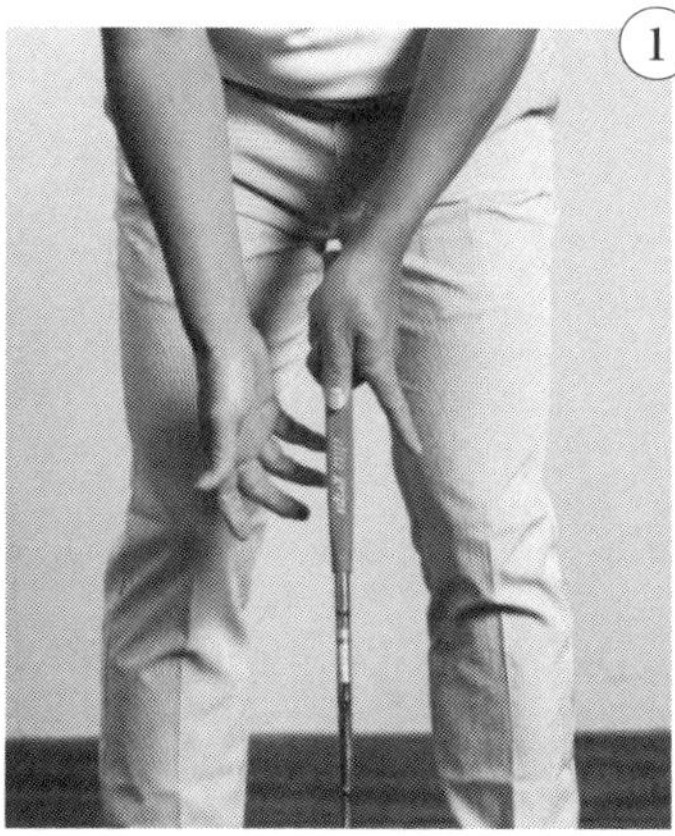

左手の親指をパターグリップの平らな面に置き、人差し指はまっすぐに伸ばして浮かせておく。

②

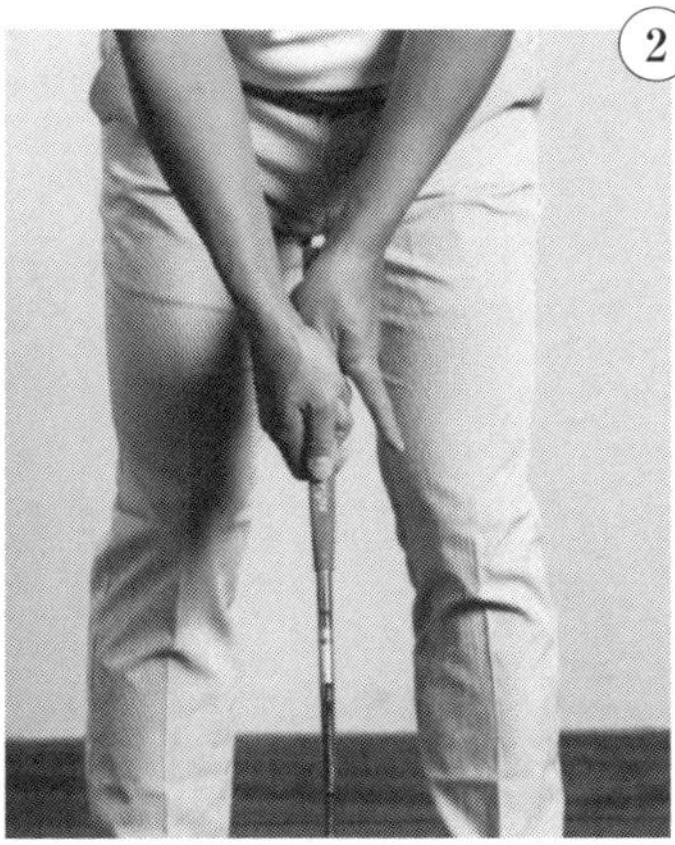

左手の親指に右手をかぶせてパターグリップを握る。このとき、右手の親指は左手の親指と同じ向きで縦に並ぶようにする。

③

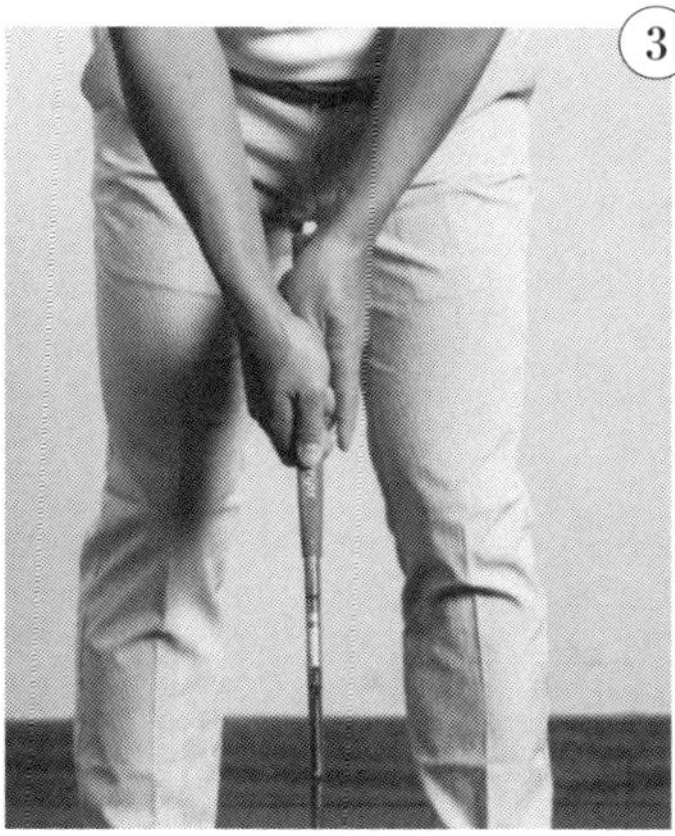

左手の人差し指を右手にかぶせる。

④

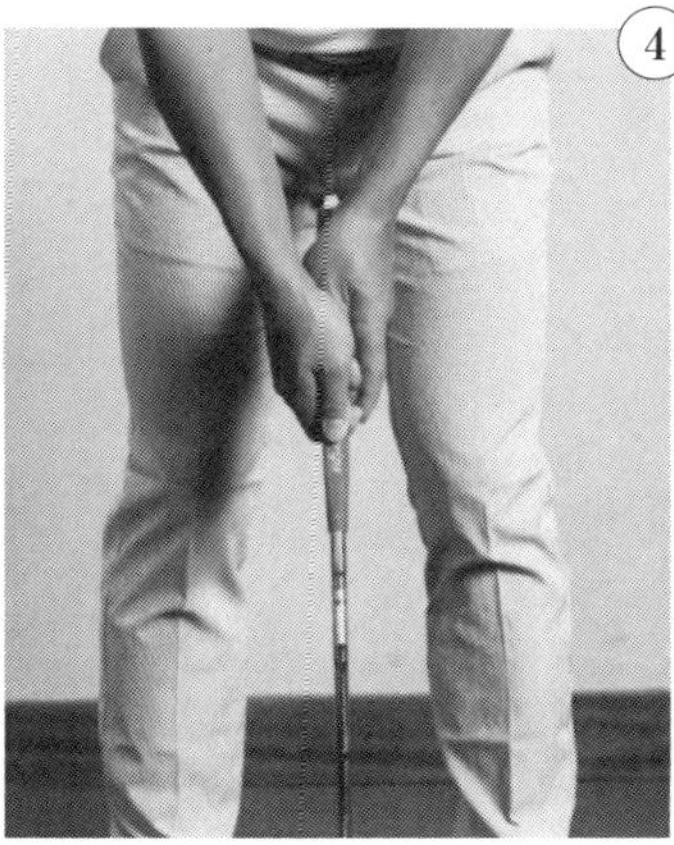

左手の人差し指で全体をロックする。

シャフトと腕を一本にする

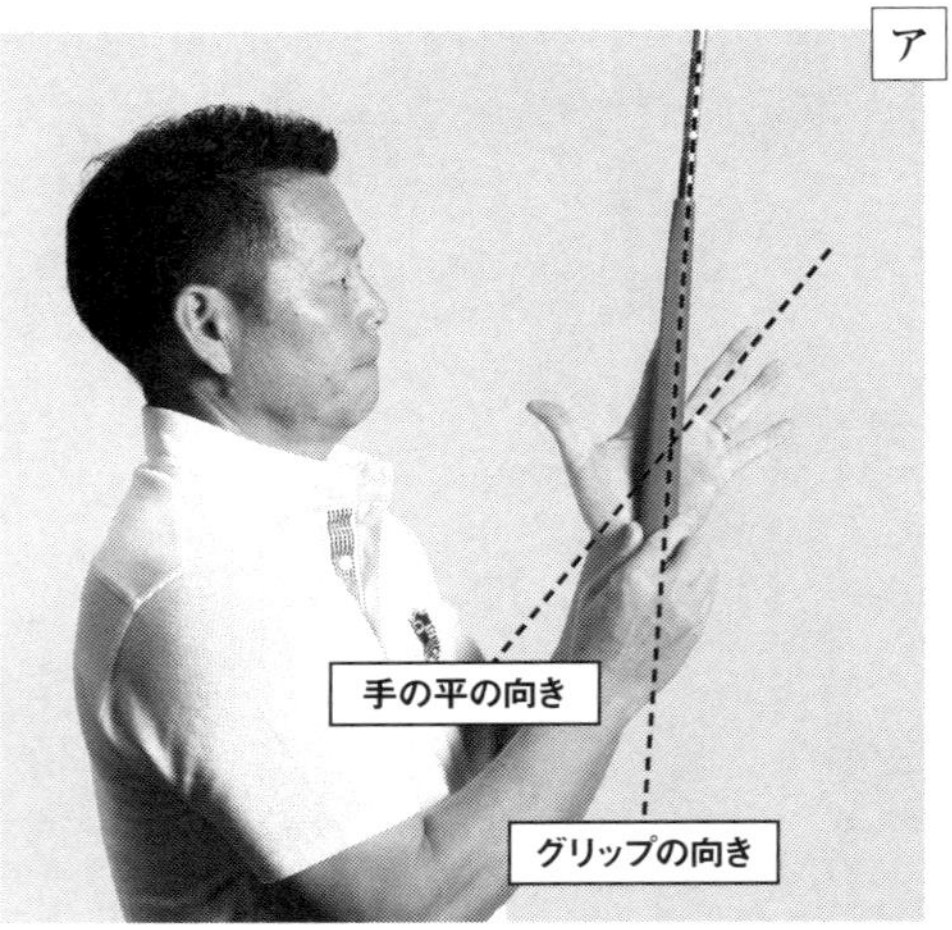

グリップの際、左手の人差し指をシャフトに沿ってまっすぐに伸ばすようにする。そうすると手の平の向きとグリップの向きが斜めになり、左手の手の平でグリップを斜めに握ることになる。

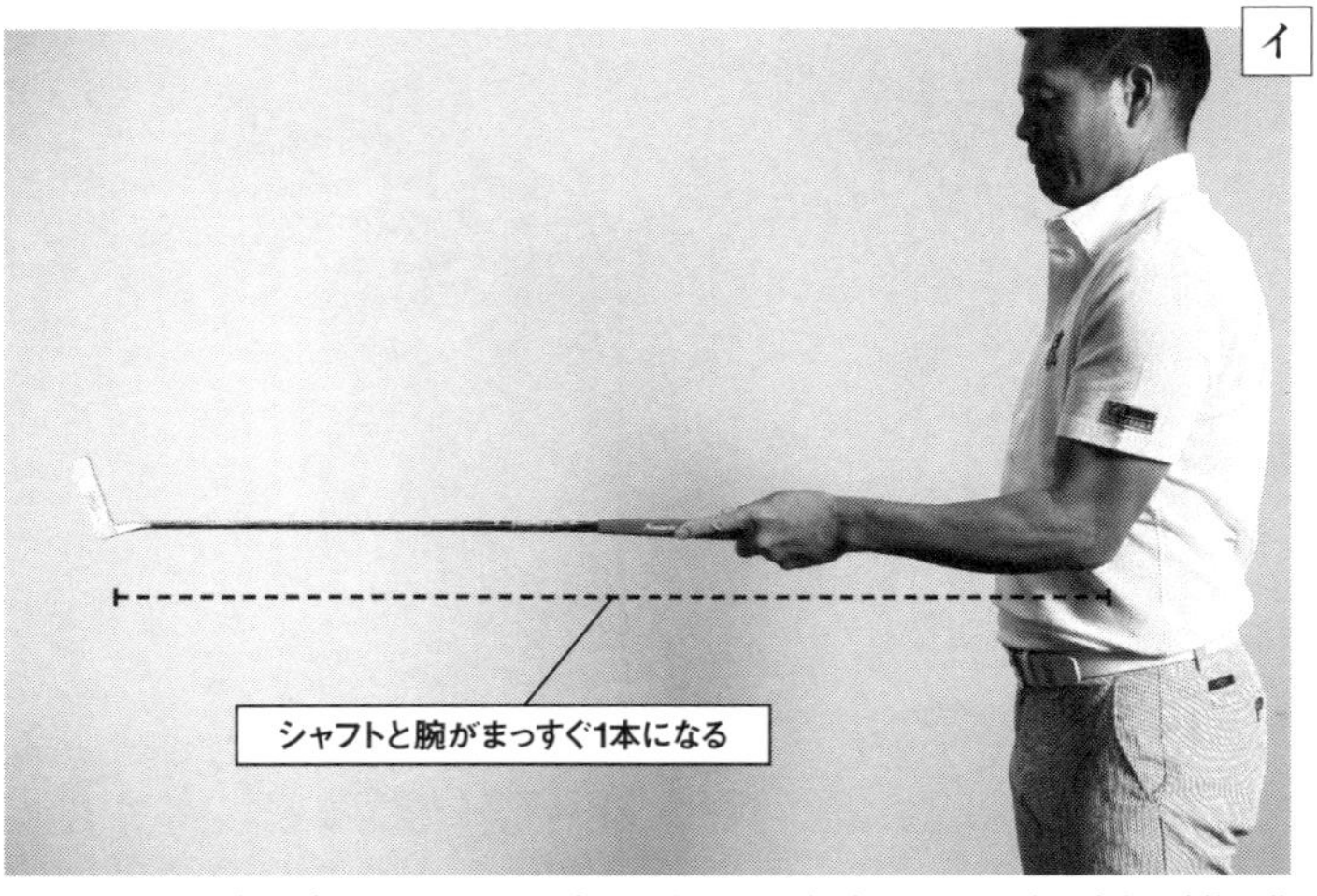

写真アの向きでグリップを握ると、シャフトと自分の腕がまっすぐ1本になる。この握り方なら手首が動かなくなり、肩から腕を動かしてストロークできるようになる。

【ショートパットの基礎】その2

正しいアドレス【A】

パッティング時のアドレスは、次の①〜⑤の手順で決めましょう。20〜21ページの写真も参照しながらチェックしていってください。

①パターを水平にして持ち、肩幅くらいにスタンスを広げる。

②パターで足の付け根を押し、骨盤を前傾させておしりを突き出す。

③軽くひざを曲げ、パターを持つ手を離し、両手を肩からぶらんと垂らした状態にする。

④両手を合わせ、正しいグリップ（16〜18ページ参照）でパターを握る。

このとき、運動感覚の良い人は骨盤を前傾させて股関節から上体を曲げるので、ボールの上に自然と上体がかぶさる形になります。しかし、そうでない人は骨盤を動かさずに腰を曲げ、へっぴり腰になりがちです。

骨盤の前傾を意識して股関節をはめ、きちんとボールの上に上体がかぶさる姿勢になりましょう。横からのアングルで見ると、その姿勢の違いは一目瞭然です。

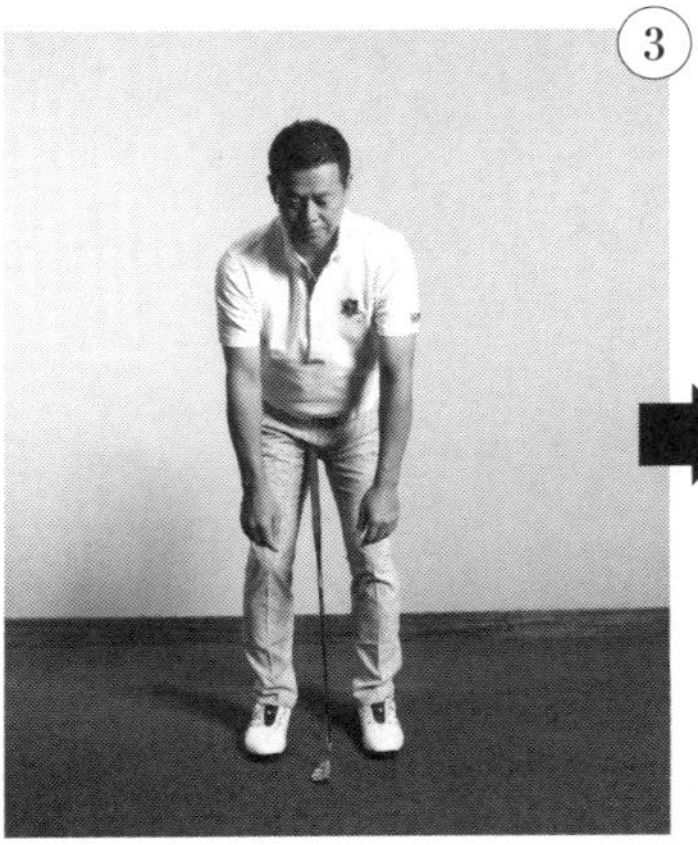

軽くひざを曲げ、パターを持つ手を離し、両手を肩からぶらんと垂らした状態にする。

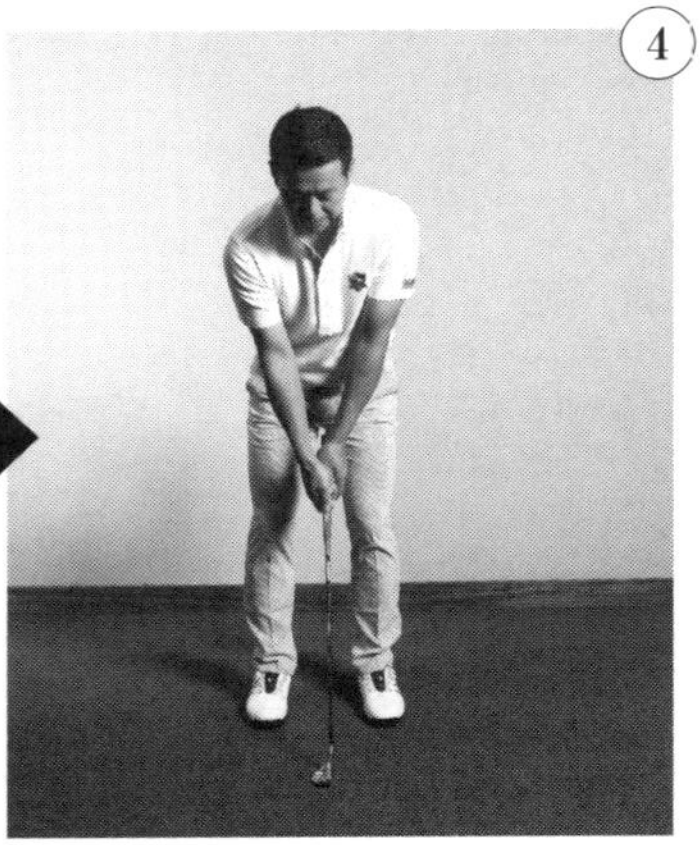

両手を合わせ、正しいグリップ（14〜16ページ参照）でパターを握る。

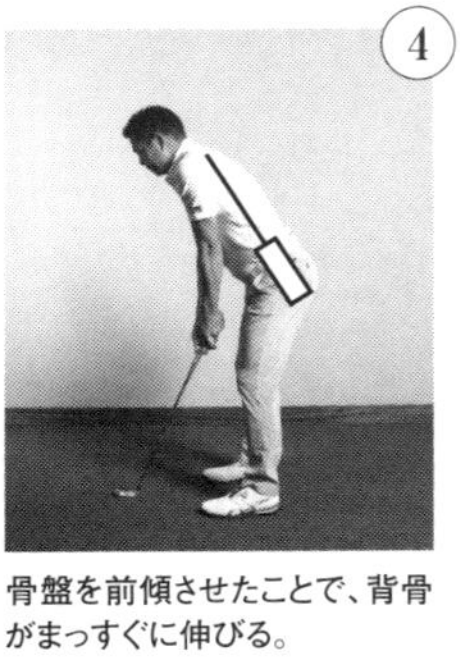

骨盤を前傾させたことで、背骨がまっすぐに伸びる。

骨盤が前傾しておらず、猫背となり、へっぴり腰になる。

正しいアドレス（正面から見たとき）

パターを水平にして持ち、肩幅くらいにスタンスを広げる。

パターで足の付け根を押し、骨盤を前傾させておしりを突き出す。

正しいアドレス（横から見たとき）

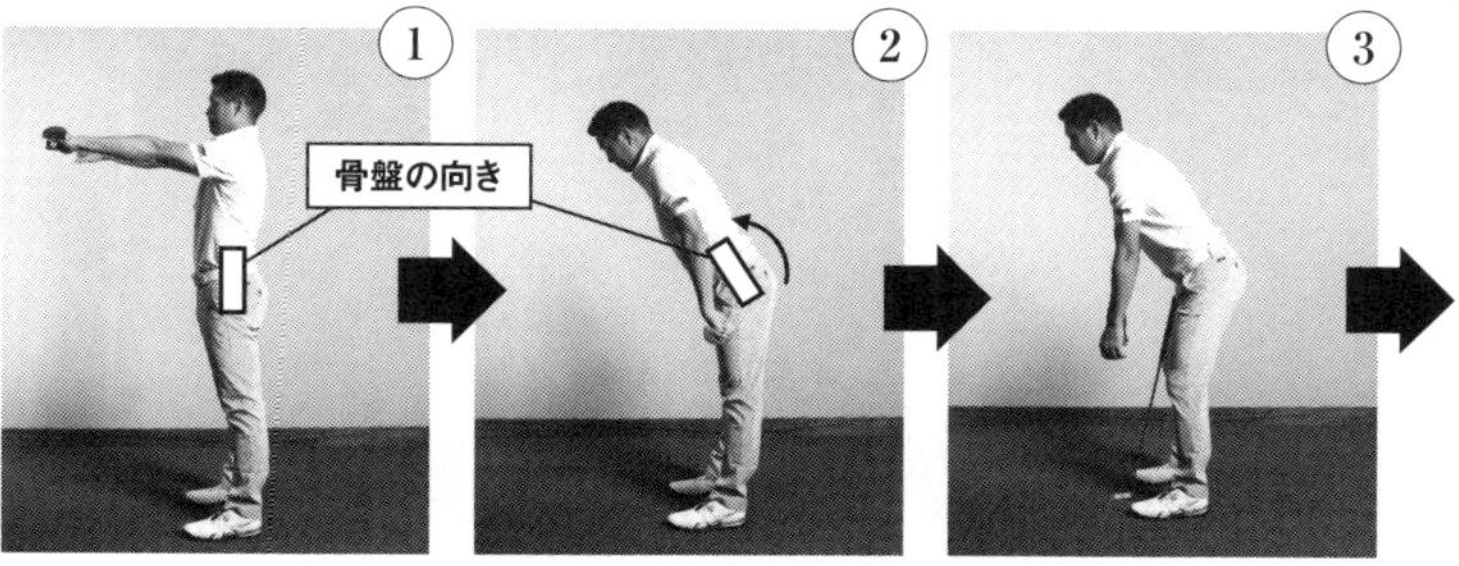

骨盤の前傾を意識して股関節から上体を倒す。

【ショートパットの基礎】その3

正しい（ボール）ポジション［P］

パッティング時の正しいボールポジションは、アドレスの状態で、ちょうど左目の真下あたりの位置となります（23ページ写真ウ）。つまり、パターヘッドが自分の鼻の真下です。この身体とボールの位置関係をしっかりと覚えておきましょう。

なぜ、身体の中心であるはずの鼻の真下ではなく、左目の真下あたりにボールを置くのか？

その理由はストローク時にパターヘッドが円を描きながら、ボールをインパクトするからです。鼻の真下にボールを置くと、地面にボールを押し込む感じになり、トントンとボールがはねてから順回転する間に、ラインが狂ったり転がりが悪くなります。

それに対して、左目の真下あたりにボールを置いておけば、パターヘッドが描く円の最下点を過ぎ、上昇時にボールを打つことになります。そうすることではねが少なく早めに順回転するので、ラインに乗りやすく転がりも良くなり、距離も合ってくるのです。

これで、パット時の「正しいGAP3」の解説は終わりです。次にパッティング時の「正しいストローク」について解説していきましょう。

正しい（ボール）ポジション

ウ

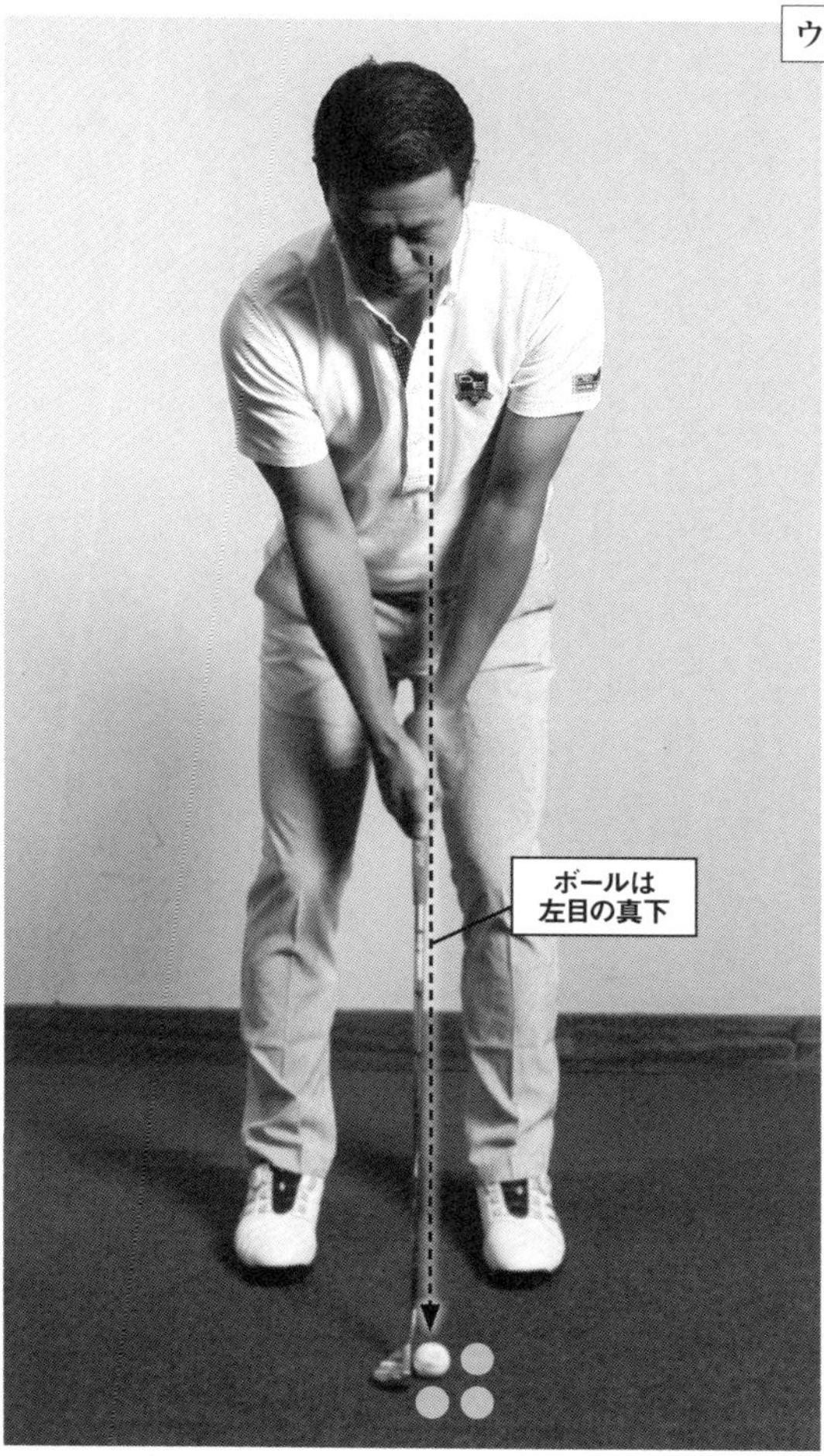

左目の真下あたりにボールを置くのがベスト。ただし、体型などで誤差もあるため、図で示したボール四つ分の位置なら許容範囲。

【ショートパットの基礎】その4

正しいストローク

パッティング時のストロークでは下半身を動かしてはいけません。さらに手首は使わず、首の付け根を支点とした肩の動きでボールを打ちます。これが「正しいストローク」です。

パットのストロークでよく言われるのが、「まっすぐ引いて、まっすぐ出しなさい」という言葉ですが、これは間違いです。正しくは、首の付け根（背骨）を支点に軸を作り、その軸を中心に緩やかな円を描くようにパターを振るのが自然な動きです。そうすることで正しくボールに力が伝わり、軌道も安定するのです。

野球でもテニスでも同じですが、ボールをインパクトする瞬間は、背骨や肩を支点にして腕や道具が円を描きながらボールをとらえます。ゴルフのパットも同じでパターヘッドは円運動の過程でボールに当たるのです（26ページ図1）。そのときにパターを無理やり「まっすぐ引いて、まっすぐ出そう」とすると、支点が横移動してぶれてしまい、ボールの軌道は安定しません（26ページ図2）。軸回転によってボールを正しい方向に飛ばすのが、球技の原則です。パットのストロークでも、そのことを忘れないようにしましょう。

悪いストローク

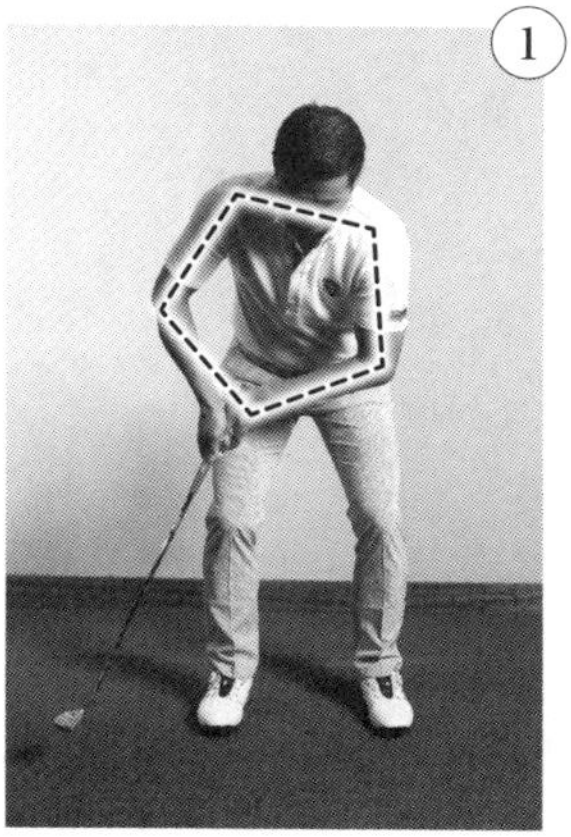

肩よりひじが外側に出て、両肩とグリップを結んだラインが五角形になっている。これでは安定したパットができない。

まっすぐに打ち出そうとして下半身が横に動いてしまっている。これでは身体の軸がぶれてボールの軌道が安定しない。

正しいストローク

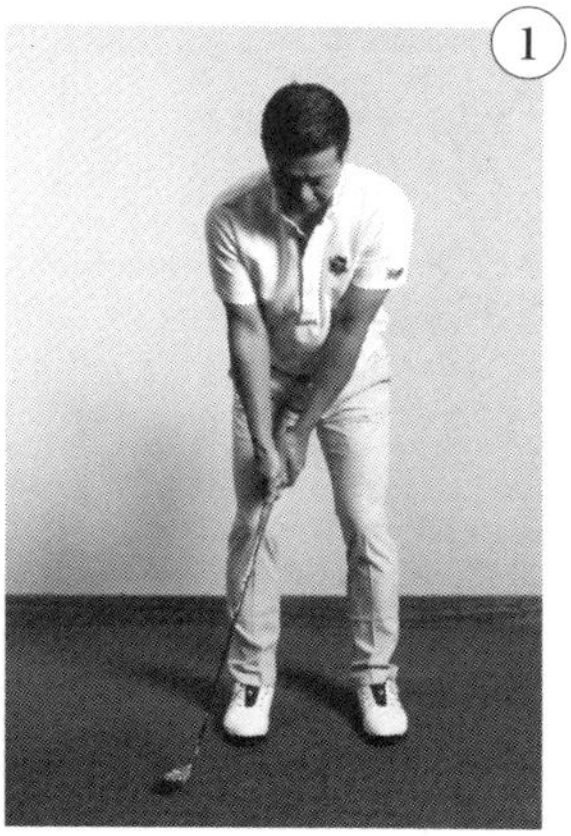

正しいGAP3から、下半身を動かさず、手首を使わず、肩を動かすことでストロークする。

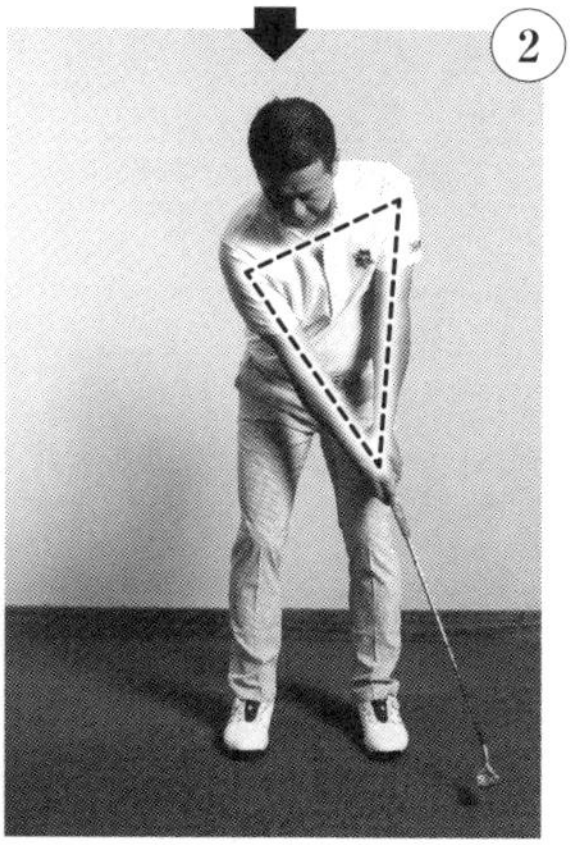

首の付け根を支点とした肩の動きでボールを打つ。両肩とグリップを結んだラインは三角形になる。

ストローク時のパターヘッドの動き

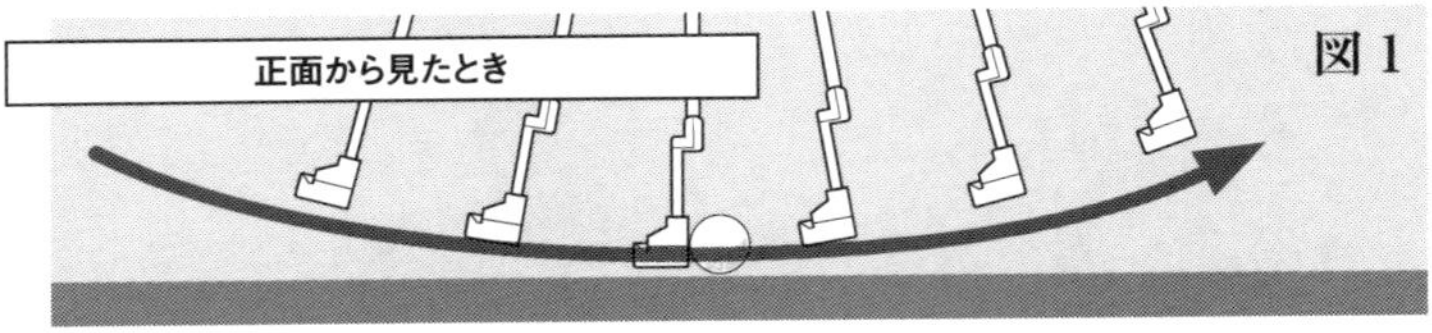

肩だけを動かしてストロークすれば、ヘッドはストロークしている人の首の付け根を支点に円を描いて移動する。この動きでボールの芯を打てば、ボールは正しくまっすぐ転がっていく。

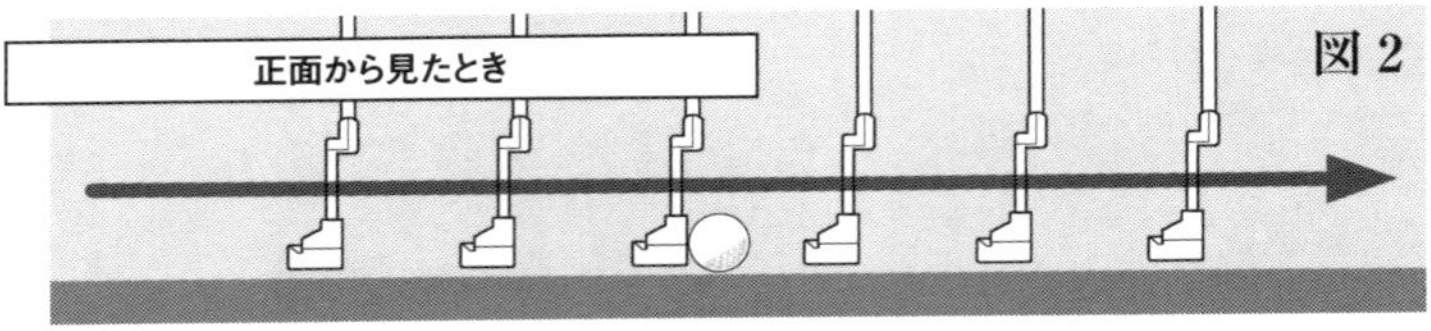

パターを「まっすぐ引いて、まっすぐ出す」と、軸が横移動してしまうので、ヘッドの動きが安定しない。これではボールをまっすぐ打ち出しにくくなる。

ゴルファーから見下ろしたとき

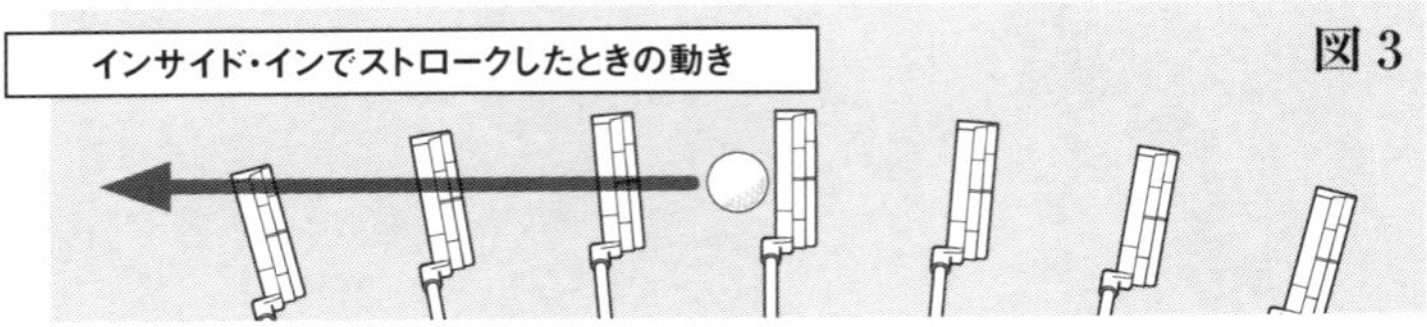

ヘッドの動きもわずかにインサイド・インになるが、インパクトのとき、フラットにボールに当たれば、ボールはまっすぐ転がっていく。

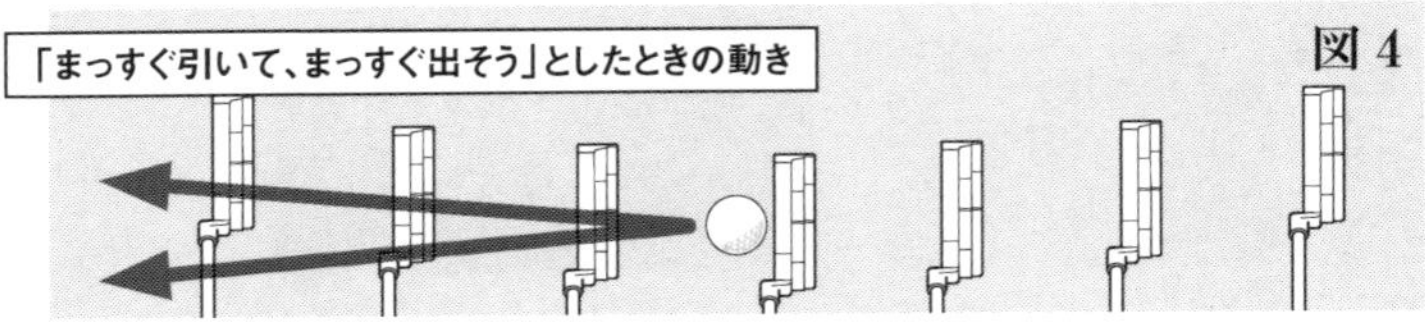

「まっすぐ引いて、まっすぐ出そう」とすると、ヘッドはアウトサイド・アウトに動き、ボールを左や右に押し出してしまう。

【ショートパットの基礎】その5

ストロークは1対2のイメージで

ストロークするときはバックスイングとフォローを同じ振り幅で振ってはいけません。バックスイングの振り幅に対して、フォローはその倍の振り幅にするイメージを持ちましょう。つまりバックスイング「1」に対して、フォローは「2」、「1対2」のイメージで振ることが必要です。

その理由はインパクトの位置にあります。正しいGAP3でストロークした場合、ボールの位置とパターヘッドの厚みの分、インパクトの位置は少しフォロー側に寄っています。そのため、パターヘッドを基準に「1対1」で振ろうとすると、実際にはフォローの振り幅が短くなりがちです（28ページ図5）。そうするとインパクトに強弱がついてしまい、ボールの距離感が安定しません。

バックスイング「1」に対して、フォローは「2」で振ったときはどうでしょうか（28ページ図6）。結果として、全体の振り幅の真ん中にボールがあり、ボールを基準とした距離がちょうど1対1となります。こうすることで、インパクトが緩まず一定になるので、距離感が安定します。また、バックスイングされたヘッドとボールまでの距離も短いため、ヘッドの位置が正しく戻りやすいのも利点です。

ストロークは1:2のイメージ

図 5

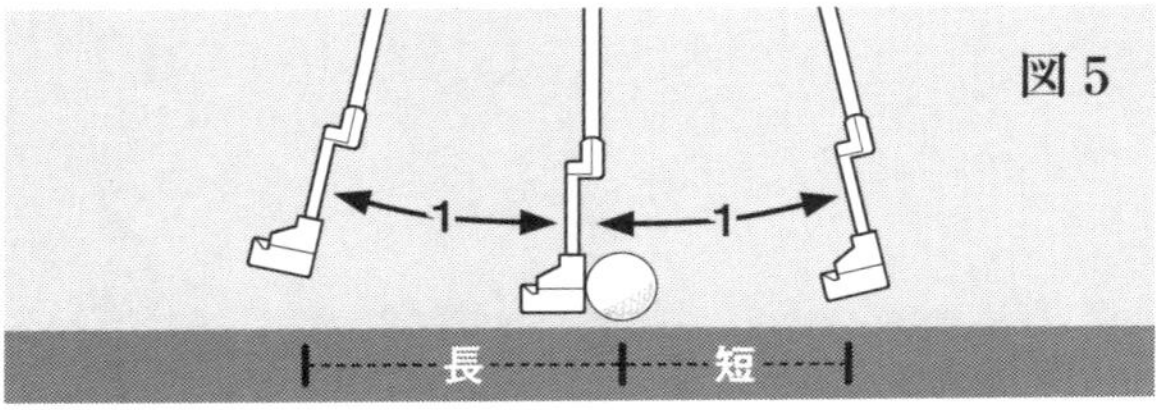

パターヘッドの位置を中心に考え、バックスイングとフォローが1:1となるようにヘッドを振ると、ボールに対する実際のフォローの振り幅はかなり短くなってしまう。

図 6

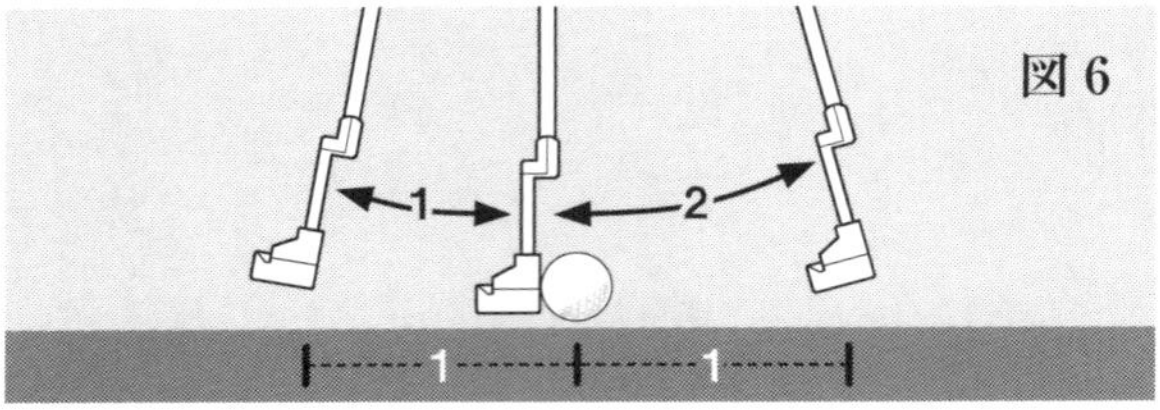

バックスイングとフォローの振り幅を1:2のイメージで振ると、全体の振り幅のちょうど真ん中あたりにボールが位置する。

【ショートパットの練習】

20センチ先のスパットに正確に打ち出す

ここまでショートパットの打ち方について解説してきましたが、これらはあくまで「手段」です。「手段」は「目的」のためにあるものです。それでは、ショートパットの最大の目的はなんでしょう？　それは「正しい方向に打つ」ことにあります。ショートパットで一番大事なのは「方向」なのです。これまで「正しいGAP3」と「正しいストローク」で正確なパットをするよう言ってきたのは、すべて「正しい方向」に打つためなのです。

では、「正しい方向」に打てているかどうかをチェックするための、簡単な練習法を教えましょう。まずティーを1本立てます。そして、そのティーから20センチ離れた場所から打ち、ティーを倒す練習をします（31ページ図7）。たった20センチと思ってはダメです。20センチ先のスパット（目印）へ正しくボールを打ち出すには、「正しいGAP3」と「正しいストローク」が必要となります。パターはクラブの中で一番短いクラブです。短いクラブを正しく操作するには機械のように狂いのない動作が必要となるのです。長いクラブにはそこまでの緻密さは求められません。ドライバーのような長いクラブは、多少打ち出す方向が狂っても広いフェアウェイのどこかに落ちます。しかし、パターはボールの打ち出しを1ミリ間違うとカップに入りません。この1ミリの差がスコアに直結するのですから、短いクラブの難しさ、重要性が理解できるでしょう。

20センチ先のティーを倒す練習に慣れてきたら、次は5センチほどの間隔を開けてティーを2本立てます（31ページ図8）。そして、そこから20センチ離れた場所からボールを打ち、ティーの間を通す練習をします。1本のティーを倒すときは、強めの力で打ち出せば比較的うまくいきます。しかし、2本のティーの間を通す場合は、より慎重に打ち出さないとティーに当たってしまいます。これらを何度も練習して、20センチ先のスパットに正確に打ち出せるようになりましょう。

こうして「正しい方向」に打てる技術を身に付けるのが、ショートパットの最大の「目的」です。

20センチ先のティーを倒す

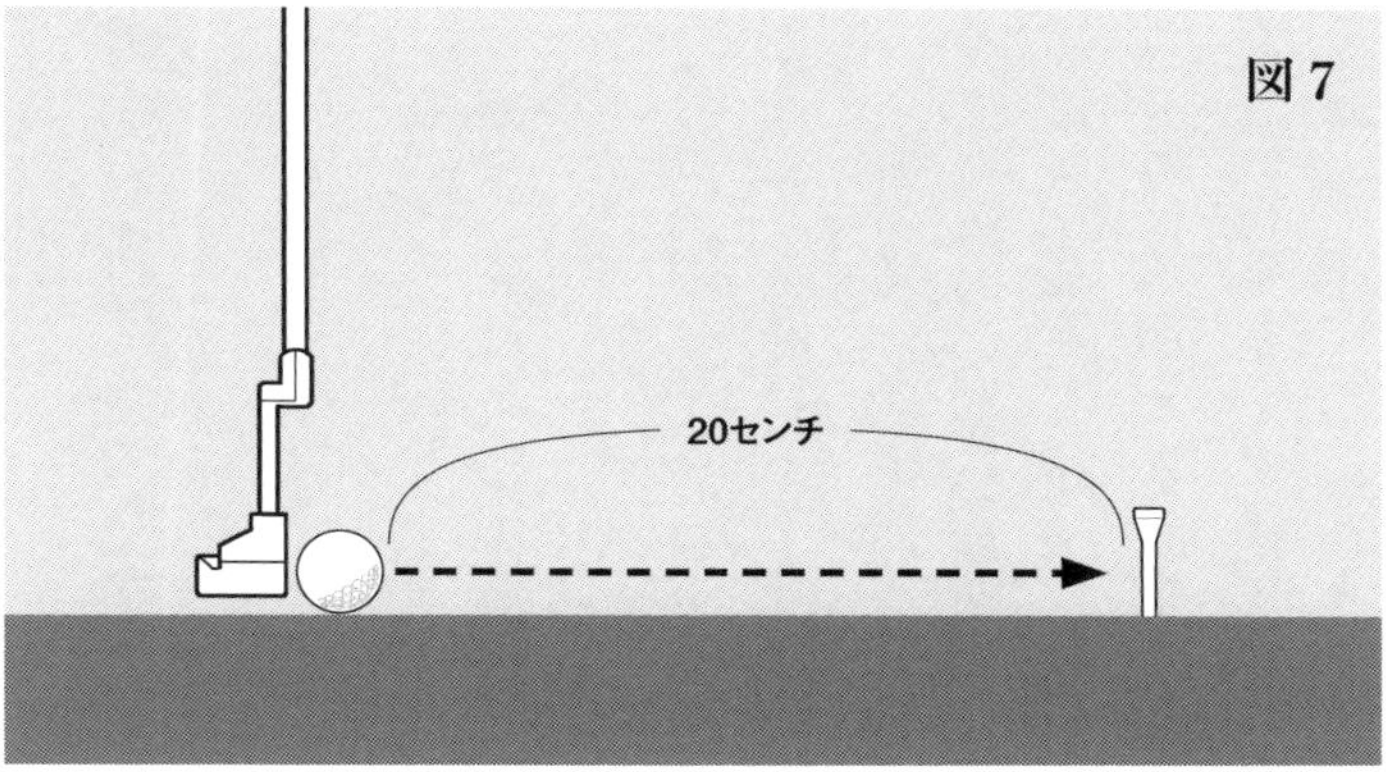

20センチ先にティーを立てて、パターで転がしたボールでこのティーを倒す。正しい方向に転がりの良いボールを打ち出さないと、ティーは倒れない。

20センチ先のティーの間を通す

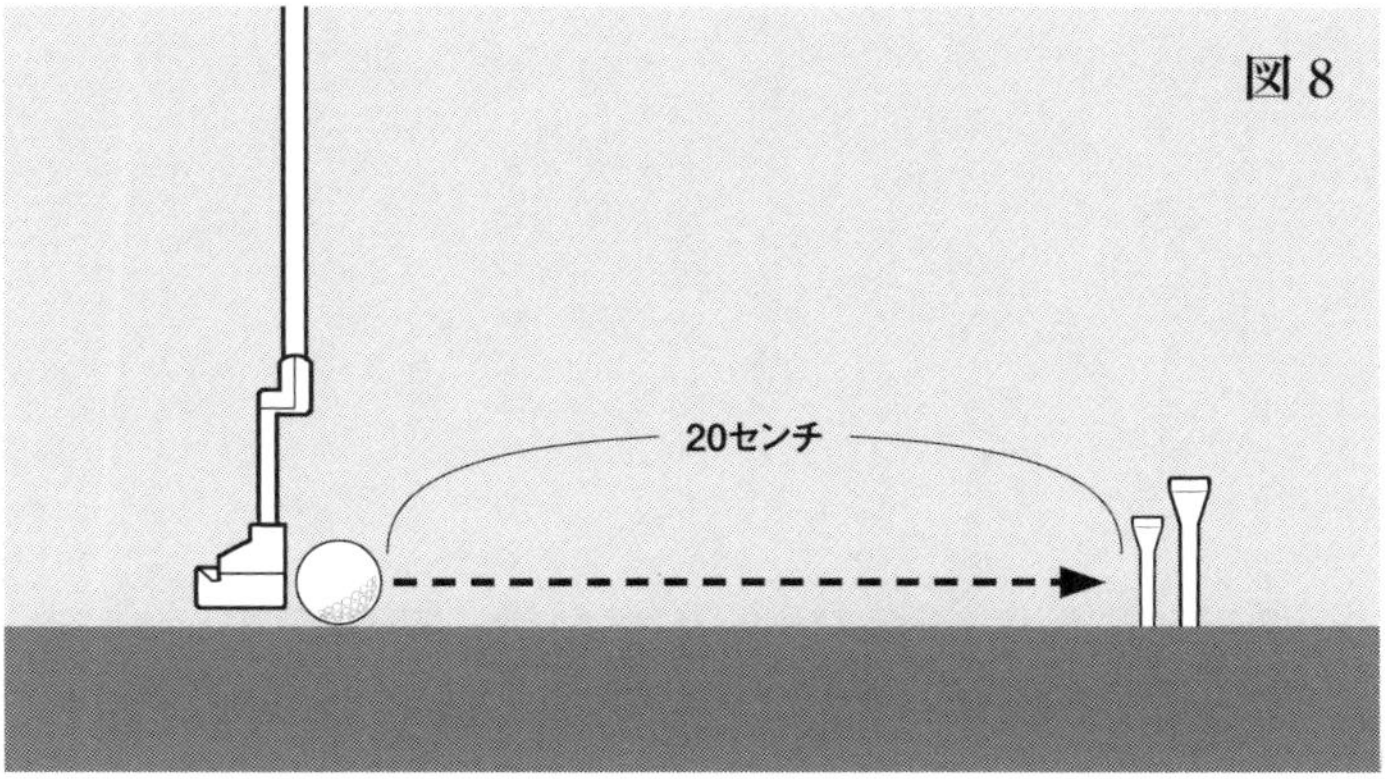

上の図7の練習に慣れてきたら、今度は5センチほど離して2本のティーを立てる。そこを狙ってボールを打ち、うまくティーの間を通すことができれば成功。

【パターの選び方】

自分の振り方に合ったものを選ぶ

パターには大きく分けて、マレット型、ピン型、L字型の3種類があります。その中から、どうやって自分に合ったものを選べばいいのでしょうか？　もちろん3種類のタイプには、それぞれ特性があります。ここでは、その特性をわかりやすく比べ、自分に合ったパターをどうやって見つけるべきか解説します。

まずは左手の手の平にパターのシャフトを乗せ、右手でグリップエンドを持って、ヘッドが地面と垂直になるようにしてください（33ページ写真エ）。そこから支えていた右手を離すと、自然にヘッドが回転します（33ページ写真オ）。ピン型の場合だと、水平な角度からトゥ側が45度開いた状態となります。マレット型、ピン型、L字型で、この角度は異なります（33ページ写真カ）。

マレット型は一番この角度が小さくほぼ水平になるまで回転します。それに対してL字型はこの角度が大きく水平な角度から60度から80度のところまでしか回転しません。これは、ストローク時の戻りの速さの違いを表しています。ほぼ水平まで回転するマレット型はヘッドの戻りが最も速いので、ストロークが振り遅れがちになる人に適したパターです。逆にスイングのとき引っかかるという人は戻りが遅いL字型を使いましょう。ピン型はその中間の人に適しているといえます。また、マレット型⬇ピン型⬇L字型の順で、インサイド・インの正しいストローク（24～26ページ参照）と相性がよくなります。ヘッドをインサイド・インにうまく振れない人はマレット型を使うのがよいでしょう。

パターヘッドの回転

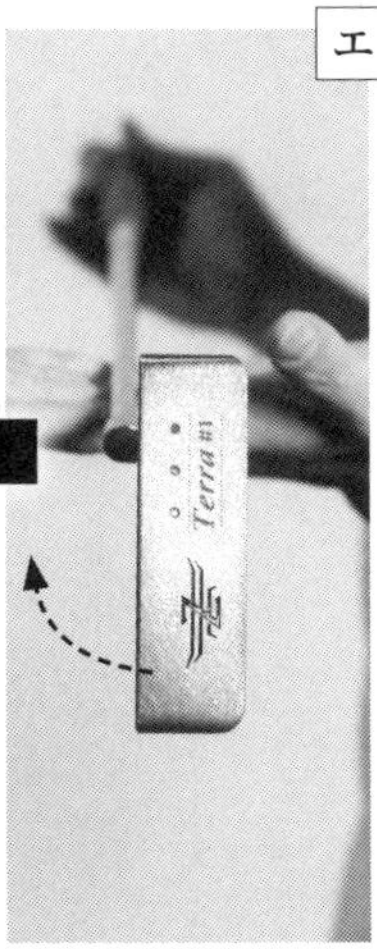

左手の手の平にパットを乗せ、右手でグリップエンドを持って、地面とパターヘッドが垂直になるようシャフトを回転させる。

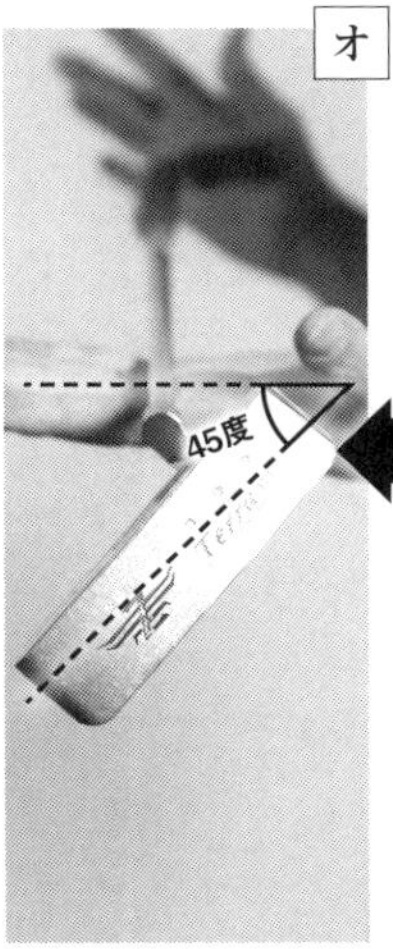

グリップエンドを持っていた右手を離すと、勝手にヘッドが回転する。ピン型パターの場合、その角度は45度になる。

型による回転角度の違い

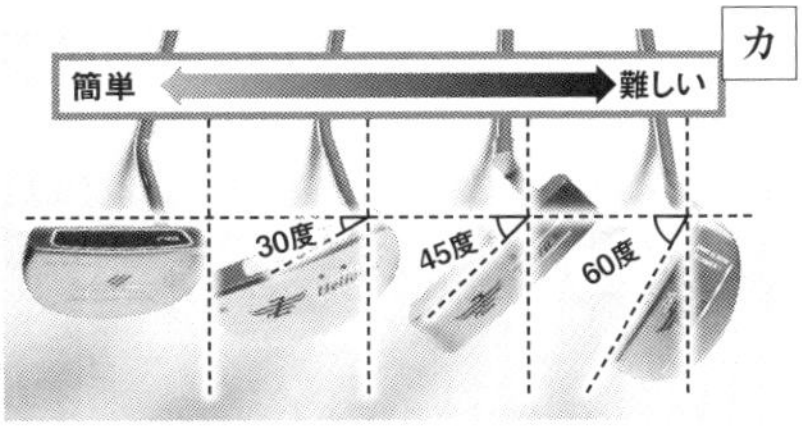

左からマレット型、マレット型、ピン型、L字型。一番左のマレット型は水平に対してほぼ0度、左から2番目のマレット型は約30度の位置まで回転する。それに対して、ピン型は約45度。L字型は約60度までしか回転しない。

【ショートパットのポイント】その1

「ボールをよく見ろ」は間違ったアドバイス

ここでは、ショートパットのときに注意すべきポイントをさらに解説していきましょう。

ボールの真横にパターを接地させて置くと、ボールはパターの芯より上の方に当たっています（36ページ写真キ）。打つときにはパターを若干浮かしますが、それでも心理的に人間は地面ギリギリのところを振ろうとします。そのため、インパクトの瞬間にボールがパターの芯より上に当たっていることが多いのです。実はパターでダフるのもそれが原因です。こうして芯を外してしまうとボールの転がりが悪くなってしまいます。しかも、ほとんどの人はボールの側面にまっすぐ当てる感覚でボールを打っているので、フォローが出ず、インパクトで力に強弱がつき安定しなくなるのです。

そこで僕は「ボールのてっぺんを打ちなさい」とアドバイスしています。プレーヤーから見たときのボールのてっぺんとは、地面と相対するボールの頭頂部です（36ページ写真ク）。そこを打つイメージでストロークすると、パターヘッドが地面から浮くうえに、ストロークの過程で、アバウトに丸いものを打とうという意識を作れるので、結果、芯に当たりやすくなります。

また、僕は「加速減速せずに、インパクトは通過点。あとで後悔しますよ」とも言います。「素振りはいいのになあ」と言う人がよくいますが、そういう人は大体ボールを置いた瞬間にボールの側面に当てようとして、ストローク中に加速減速をしています。素振り通りではなくなっているんです。インパクトはヘッドの軌道の通過点に過ぎません。その前後で加速減速をする必要はないのです。「あとで後悔しますよ」と必ず僕が付け加えるのは、その癖がついてしまっていると、この先で上級レベルの技術を行うとき、より大きなミスを生んでしまうからです。このようにボールの側面にフェイスを当てようとする原因も、打つ瞬間にボールの位置をはっきりと見て、ボールの輪郭を意識し過ぎるからです。

身体バランスを取るためには、目は開けておかなければいけません。ただし、目はボールの方に向けているだけで、ボワーンとボールの全体像をとらえておけばいいのです。そして、ボールのてっぺんを打つ感覚でストロークすれば、気持ち良くボールは芯に当たります。つまり、よく言われる「ボールをよく見なさい」というのは、おかしなアドバイスです。ボールをよく見ることに集中しすぎると、正しいストロークができなくなります。他のスポーツでもうまい人ほどボールをよくは見ていません。野球でも卓球でも打つ瞬間までボールを凝視していると、姿勢は崩れてしまうし、何より動作が追い付きません。大体の位置を周辺視野で把握しながら、感覚でスイングしているのです。

きちんとボールを芯でとらえるには、ボワーンとボールの全体像を目でとらえ、ボールのてっぺんを打つ意識を持つことが大切です。

浮かさないとパターの芯より上にボールが当たる

パターをボールの真横に置いたとき、ボールの中心はパターの芯よりも上にある。地面から浮かさないとパターの芯でボールの中心は打てない。

ボールのてっぺんを見て打つ

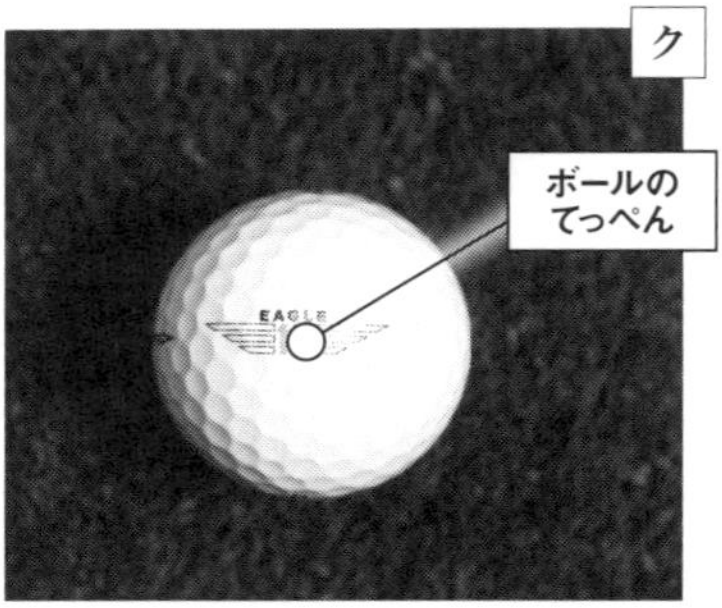

ボールのてっぺんを打とうと思うと、パターが自然に地面から浮くようになる。また、インパクトの瞬間を意識しすぎず、通過点で芯に当たる。

【ショートパットのポイント】その2

なぜパターで悩んだ人は長尺のパターを使うのか?

プロでもほとんどの人がパターイップスになります。その原因は、自分でも気付かないうちにスイングのときの軸がぶれてしまうからです。それを直すにはしっかりした軸を作って、そこを中心に円を描けるようにするしかありません。だからこそイップスになった人は長尺パターに頼るようになるのです。

長尺は自分の胸やお腹にグリップエンドを当て、そこを軸として簡単に円を描けます。また、長尺パターの長いシャフトだと物理的にまっすぐ引いてまっすぐ出すような腕の使い方ができないので、支点が移動することもなくなります。そのためパターイップスになったプロはみんな長尺を使うようになりました。結果、長尺などを使ったアンカーリング(グリップ以外に支点を作る打ち方)が禁止になってしまったのです。ただし、プロの中でもなぜ自分のパットが長尺で改善したのかわかっていない人も大勢います。感覚でプレーして結果だけを見ているので、その理由をきちんと言葉で説明できないのです。

【ショートパットのポイント】その3

パット時のストロークには実は三つの支点がある

パット時のストロークは首の付け根を支点とするのが基本です。でも、本当は支点が三つあります。ベン・クレンショーやフィル・ミケルソンといったパターのうまい人は、右打ちで左肩を支点にしています。少しオープンに構え左肩を支点と思ってアドレスすれば、その分、フォローが少なくなるのです。ロフトを立てて、しっかりとラインに乗せたい場合は左肩を支点としたこの打ち方が参考になるでしょう。

逆に、ストローク時に右肩が出やすい人は、右肩を支点と思った方が出にくくなります。それによってボールをまっすぐ打て、ラインに乗るようになります。右肩が出て引っかかったりする人は、右肩支点にした方が正しいストロークになるのです。

支点は人それぞれです。ほとんどの人は首の付け根(真ん中)支点でよいでしょう。ただし、答えは一つではなく、基本ができたうえで、こういう種類の方法もあります。しかし、一般の人がそれをまねるのは難しいです。もしあなたがゴルフ中継でプロのスイングを観ていて、「桑田の言っていた支点と違うぞ」と感じたら、この三つの支点があることを思い出してください。

一般の人は「プロのように」やろうとしてはいけません。高いレベルの技術を実践したいと考えるのは間違いではありませんが、そこを目指すなら条件が必要です。まずプロと同じくらい若い、もしくは体力があること、そして仕事を辞めて毎日練習することです。それを20年続けてもプロになれるのは、ほんの一部です。そのレベルを普通のおじさんが追い求めるべきではありませんよね。

毎日ゴルフと接しているプロと違い、一般の人はちょっとした技術でもとことんやらないと矯正できません。そこで、僕の指導では極端なことを教えるようにしています。そうすると、しばらくして「あのときは良かったのに、言われたようにやるとスライスがフックするようになった」と言ってくる人がいます。それは当たり前の話です。偏った技術に反する極端な指導をしているわけですから、難点が矯正され、ある程度まで来れば、そこでバランスが取れているわけです。ところが、それをやり続けると今度は逆に悪くなっていきます。プロも一番正しいところはどこなのか、常に探りながらプレーしています。バランスを保ち続けることに終わりはないのです。

支点が三つあるというのも、こうしたバランスを保つための手段の一つなのです。

「最近ショートパットが入らないんだよな……」その原因はロングパットにあります！

スコアを縮めるための鍵（キー）はロングパットです。

みなさんは「最近ショートパットが入らないんだよ」とぼやいたことはありませんか？　僕が教えている方の中にも、同じことを言う人がいます。でも、知っておいてください。３メートルのショートパットが決まる確率はプロでも30％なんです。これが、一般の人ならせいぜい10％でしょう。

つまり、４～５メートルのパットが入らないからといって、「調子が悪い」と言ってしまうのは間違いです。そもそもその距離のショートパットがバンバン入っていた時期なんてあったとしても、たまにある偶然でしかありません。

それだけショートパットは難しいものなので、せめてそのショートパットができるだけ簡単に済むようにしておきたいものです。理想はカップを中心にした半径１メートルの円の中に、パットを残すようにすることです。それには、その距離に寄せるためのロングパットを上達させなくてはなりません。もしもロングパットで１メートル以内に確実に寄せられていたら、ショートパットは圧倒的に楽になります。さらに言えば、ロングパットでOKの位置まで寄せられれば、ショートパットをする必要すらなくなります。「ショートパットの調子が悪い」と感じてしまう原因は、寄せきれないロングパットにあるのです。

しかも、ロングパットの距離感が合わない人は、アプローチの距離感も合いません。アプローチで落としたボールがどれだけ転がるかは、ロングパットでボールが転がる距離をつかむのと同じ感覚で推測するからです。

ロングパットは、各ホールを締めくくるショートパットの成功率を大きく左右し、パット以前のアプローチの技術にも深くかかわっています。だから、ロングパットがスコアを減らすキーになるんです。

先ほど言ったように、ロングパットは「カップを中心とした半径1メートルの円の中」にボールを残すことを目指しましょう。ここからは、そのために必要な準備や思考パターンを解説していきます。

【ロングパットの基礎】その1

素振りをして正しい距離感をつかむ

ショートパットに強く求められるのは、正確な方向性でしたが、ロングパットをするうえで重要なのは、カップまでの距離を正確に把握することです。そのため、まずは素振りで距離感を合わせましょう。

素振りのときは必ずボールの後ろに立ち、カップを見ながら、ボールを視界の下に入れてパターを振ります（43ページ写真ケ）。振り幅はボールとカップの間の距離によって決まるので、その距離を見ながら素振りをしないと正しい距離感がつかめません。目から情報を入れながら、パターの振り幅に神経を集中するから、「このくらいかな」とわかるわけです。

このとき、深く考えずにカップとボールの間に立って素振りをする人がいます。そうすると、目から入ってくる情報はそこからカップまでの距離です。これは実際に転がす距離ではありません。つまり、目から間違った情報を入力しながら距離を調整していることになります。これでは振り幅を間違って当然です。

素振りをするときは、必ずボールの後ろに立って、ボールとカップの距離を見ながら、パットの振り幅を探るのが鉄則です。

ロングパットの素振り

素振りはボールの後ろに立って、カップを見ながらボールを視界の下に入れて行う。連続で何度も振りながら、ちょうどよい振り幅を探っていく。

【ロングパットの基礎】その2

振り幅が大きくなれば、その分時間もかかる

簡単に言えば、ショートパットは「正しいGAP3」から肩だけを動かして、正しく打つ技術でした。ロングパットは距離が長くなる分、肩をより大きく動かすだけでボールが転がる距離もそのまま伸びます。それなのに、手首やインパクトの強弱を使って打とうとする人がとても多いです。これでは距離や方向が安定するはずがありません。ロングパットはショートパットの延長だと意識して、「正しいGAP3」から肩だけを大きく動かすことで距離を伸ばすのが基本です。

ただし、振り幅を大きくしただけでは、距離が合わないという人がいます。その原因はショートパットと同じリズムで打っているからです。例えば、ショートパットの振り幅が、時計の盤面でいうと7時~5時の幅で打っているとします（46ページ写真[コ]）。ロングパットでは当然その振り幅が大きくなります。仮に振り幅が8時~4時だとすれば、ショートパットでは2時間分だった長さが4時間分となり、振り幅は倍になっています（47ページ写真[サ]）。ショートパットのストロークから加速しないなら、パターも倍の時間をかけて振

らないと正しいリズムにはなりません。

ところが、動きは倍の4時間分になったのに、ストロークの所要時間は2時間分のままで打ってしまう人が多いのです。つまり、ショートパットのときの倍のスイングスピードで打っているわけです。こんな乱暴なパットでは軸がぶれてしまううえに、方向も距離も狂ってしまいます。

そこで、ロングパットでは「遠くに転がしたいほどゆっくり」を心がけましょう。転がしたいほど振り幅は大きくなります。すると、より遠くまでヘッドが離れるので、それがボールに近づいて下りてくるまで、きちんと時間をかけて待つことが必要なのです。つまり「ダウンでゆっくり」という意識を持つことです。ゆっくりダウンさせることで、きちんとヘッドが追いついてきて芯に当たりやすくなります。すると、方向も距離も正しくなります。これがいわゆる「ヘッドが走った」状態なのです。ダウンのスピードが速いのが「ヘッドが走った」状態ではありません。

遠くまで転がしたかったら振り幅を増やす分だけ、ヘッドが下りてくるのをゆっくり待つようにしましょう。「ダウンでゆっくり」がロングパットの大事なポイントです。

ショートパット（7時〜5時の振り幅の例）

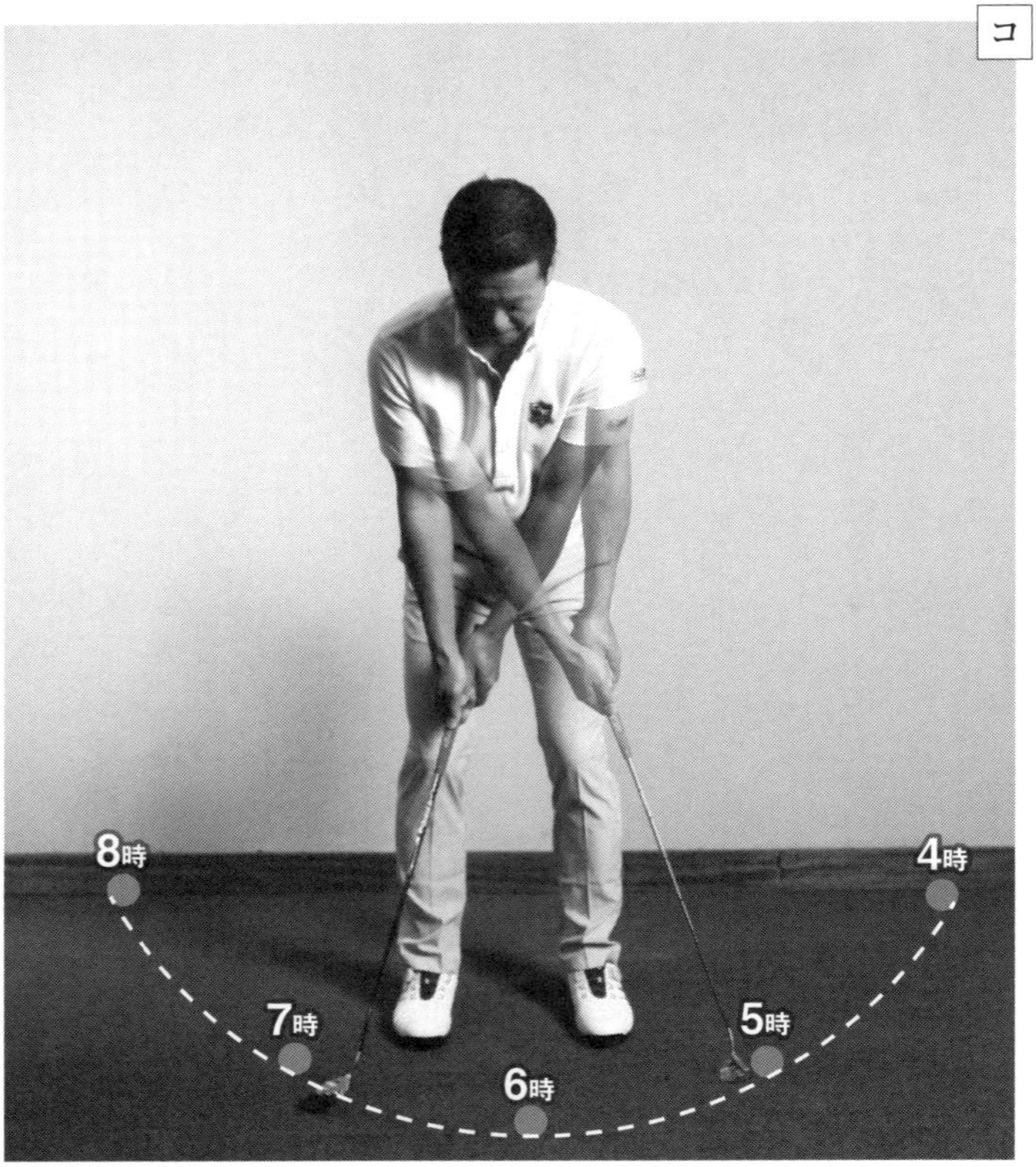

7時〜5時の振り幅での素振り。下半身を動かさず、手首を使わないで、肩を動かすことでパターを振る。

ロングパット（8時〜4時の振り幅の例）

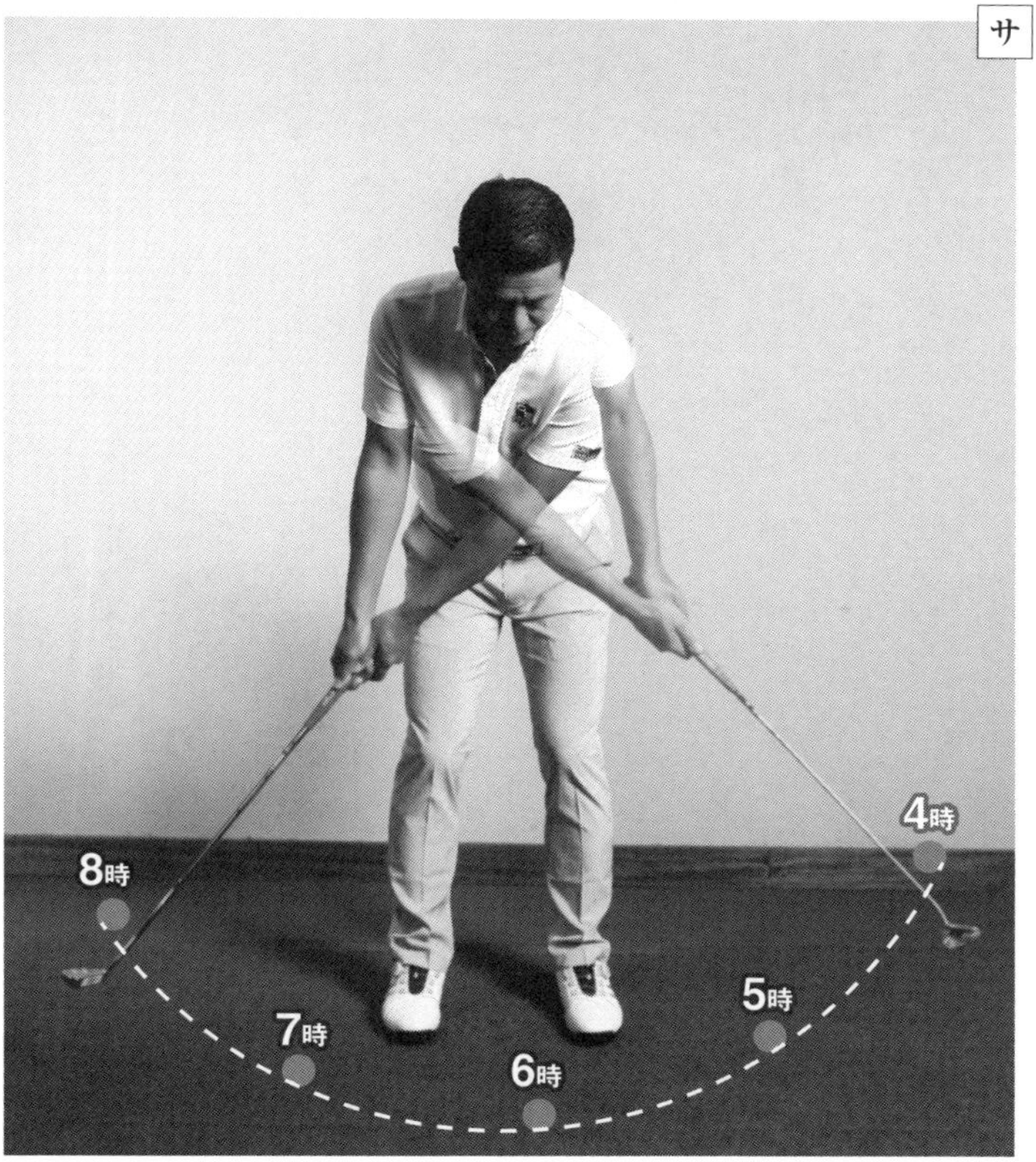

8時〜4時の振り幅での素振り。7時〜5時のときと比べ、ストローク軌道でヘッドの移動距離が倍になった分、時間も倍かける。「ダウンでゆっくり」を意識する。

【ロングパットの基礎】その3

「クラブはとても長い手」という感覚を持つ

もしも、ゴルフが手でボールをつかんで投げる競技なら、カップまでの距離が1メートルのときは、その距離に合った手の振りでボールを投げるでしょう。距離が2メートルになれば、自然に手の振り幅がより大きくなります。自分の手で直接ボールをつかんでいるのなら、とてもシンプルに距離が合うはずです。しかし、ゴルフは手で握ったクラブでボールを打つ競技です。ボールに直接触れるのは、握っているクラブのヘッドです。そこで、握っているクラブのヘッドまでが、自分の伸びた手、つまり「クラブはとても長い手」だという感覚を持つことがゴルフではとても大切なのです（49ページ写真[シ]）。

1メートル距離が伸びたからといって、そのまま自分の手の振り幅を1メートル分大きくしたのでは、誤差が生じてしまいます。自分の手の長さの感覚で振り幅を大きくするのではなく、「とても長い手」の先、つまりクラブのヘッドを意識して振り幅を調整しましょう。仮にストロークの支点（首の付け根）からグリップまでと、グリップからヘッドまでの距離が均等だとすれば、自分の手の振り幅を50センチ分大きくすると、クラブのヘッドはその倍の1メートル分大きく動く計算になるわけです。

この感覚は、短い距離の中で繊細なコントロールが要求されるパッティングにおいては特に重要なものとなります。パットの振り幅を調整するときは、必ずクラブのヘッドに意識を持っていきましょう。

クラブはとても長い手

シ

クラブを握ったときは、「肩から自分の手まで」ではなく、「肩からクラブヘッドまで」が自分の手だと思うこと。とても長い手でボールを打つ感覚が大事だ。

【ロングパットの練習法】

カップを中心とした半径1メートルの円の中に止める

これまでも言ってきたように、ロングパットの「目的」は「カップを中心とした半径1メートルの円の中にボールを止める」ことです。これをそのまま実践して、ロングパットを練習してみましょう（51ページ写真ス）。

素振りで正しい距離感をつかんだら、これまで解説してきたように、ストロークスピードやインパクトの力ではなく、振り幅を調整しながらボールを打ち出しましょう。ショートパットの項目で学んだ「正しいGAP3」と「正しいストローク」も忘れないようにしてください。そうすれば、半径1メートル（直径2メートル）の円の中にボールを止めるのは、それほど難しくはないはずです。カップを直接狙うのではなく、あくまでもこの円の中にボールを転がして寄せる気持ちで行います。大きな的を狙うので、小さなカップを狙うよりも、リラックスして打つことができます。

コースに行ったときは、必ず練習グリーンでロングパットを練習する習慣を付けましょう。

カップを中心とした
半径1メートルの円の中を狙う

直接カップに入れようと思わず、カップを中心とした半径1メートルの円の中を狙う。それなら精神的にとても楽にパットできる。

【ロングパットのポイント】その1

ロングパットの練習場所はコースしかない!

振り幅の感覚を鍛えるためにも、ロングパットは日頃から練習しておきたいものです。ショートパットは練習場やパッティングマットでも練習可能ですが、ロングパットを練習できる場所は日常生活の中にはなかなかありません。コースに出掛けた際のロングパットの練習はとても貴重な機会なのです。

コースに行くときは、少しだけ早めに行ったり、ラウンド後の時間を利用して、10分でも20分でもいいからロングパットの練習をするべきです。ところが、これを実行している人はとても少ないです。ロングパットができる機会はめったにないのに、ほとんど誰もやっていないのが現状です。みんなあれほど打ちっぱなしに行って、ドライバーは練習するのに、なぜロングパットは練習しないのでしょうか? スコアを良くするには、ロングパットの方がよほど重要だというのに……。

しかもグリーンはコースや季節、天候によって大きくコンディションが違います。スタート前にロングパットの練習をしておけば、その日のグリーンに合ったパッティングが見つけられます。思ったより走るようなら、「自分の感覚よりも今日のグリーンは速いんだ」と気付けるわけです。そうして調整しておくことが、本番のスコアにどれだけ影響するかは、言うまでもないでしょう。

スタート前が無理ならば、お昼の前後でも、終わった後でもいいから、ロングパットの練習をしておきましょう。終わった後にずっとロングパットを練習している人は、放っておいてもうまくなっていく人です。

【ロングパットのポイント】その2

遅いグリーンのときは距離を優先して対応する

これまで、ロングパットでは手首を使わずに肩でストロークするよう解説してきました。しかし、これはあくまで基本であって、いわば「教科書的」なやり方です。僕自身もグリーンが遅いときは、教科書に反して手首を使い、パンチを効かせて打つことがあります（55ページ写真セ）。するとロフトがついて転がりやすくなるのです。これを速いグリーンでやってしまうと転がりすぎるので、速いグリーンでは基本の打ち方に戻します。つまり、この二つの打ち方を環境によって使い分けているんです。遅いグリーンではあえて基本を崩す。それは一貫性がないように聞こえるかもしれません。しかし、ロングパットの目的をもう一度よく考えてみてください。ロングパットの目的は「カップを中心とした半径1メートルの円の中にボールを入れること」、つまり距離が一番大事なのです。たとえ芯を外して打ったとしても、距離が合っていれば目的は達成しています。極端にいえば、どんな打ち方でも半径1メートルの円の中に入ればいいということです。何が目的なのかがはっきりしていれば、手段は臨機応変に変えてもいいんです。

ただし、ショートパットはそうはいきません。ショートパットの目的は方向です。「正しい方向に打つ」ことが、ショートパットの最大の目的なのです。これには正しいアドレスで正しいストロークをし、正しく芯に当てることが必要となります。だからショートパットは基本を崩せません。最も機械的に行うべきなのが、ショートパットなのです。

ショートパットの目的は「正しい方向に打つ」こと、ロングパットの目的は「正しい距離を打つ」ことです。

遅いグリーンでの対応

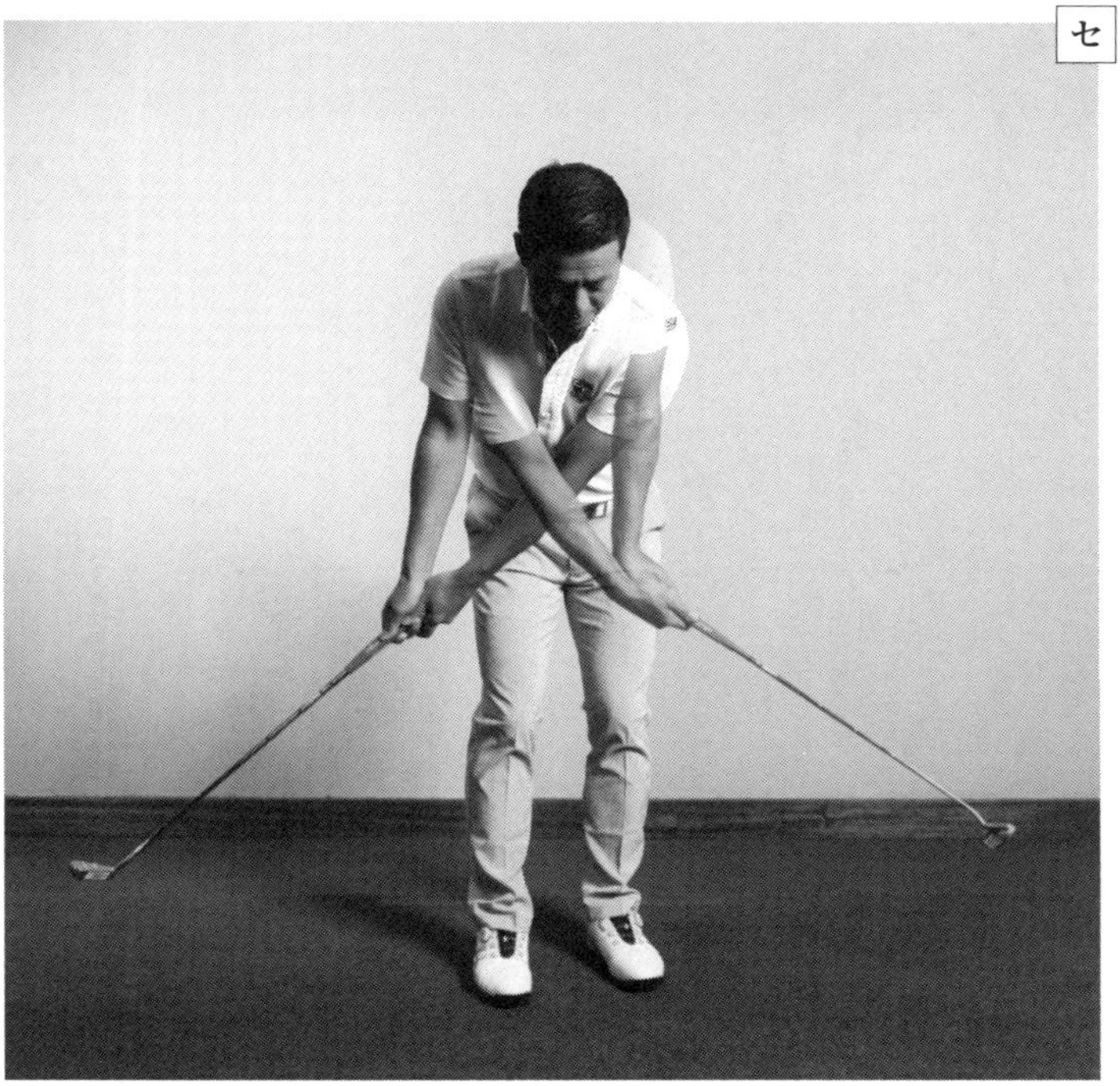

遅いグリーンのときは手首を使ってパンチを効かせて(ヘッドを意図的に振って)打つ。そうすることでロフトが付いて、ボールが転がりやすくなる。

【ロングパットのポイント】その3

次のホールのティーショットを平常心で迎えるために

ほとんどの場合においてホールごとの最終打となるショートパットは、とても神経を使うものです。なぜなら少しの打ち方の違いによって、カップに入るか入らないかが決まってしまうため、それまでのショットとはかかるプレッシャーの大きさが違うのです。

ところが、もしロングパットでＯＫの場所につけてしまえばどうでしょう？　嫌なショートパットをせずに済み、「ありがとう」の一言とともにボールを拾い上げて終わりです。ショートパットの緊張にさらされずにホールを終えたプレーヤーの心理状態は平常心そのものです。

逆に、ロングパットで寄せきれずに残りの1～2メートルのショートパットをドキドキしながら打った人は、どんな心理状態になるでしょう。たとえ入ったとしても、ホッとして気が抜けてしまいがちです。入らなければ悔しくてイライラが残るでしょう。いずれにしても、感情の起伏が起こり、平常心ではいられません。

こうして終えた最終打の後に待つのは、次のホールのティーショットです。平常心を保った人と、ドキドキ、イライラの後に臨む人とでは、どちらが気持ち良くティーショットに入れるでしょうか？　もちろん前のホールを平常心で終えた人です。このようにロングパットの良し悪しは次のホールのティーショットにも影響してくるのです。これを18ホール繰り返すことを考えてみてください。同じ5時間を過ごしたとしても、気持ちの削れ方がまったく違います。

最終打をノープレッシャーにすることが、いかに大事かが、この話からもわかると思います。最終打をノープレッシャーで打つためにも、ロングパットは非常に大事な技術なのです。

ボールを曲げるのは傾斜と芝目の仕事 あなたの仕事ではありません！

ここまで、ショートパットとロングパットの技術的な説明をしてきましたが、ここからはブレイクラインについて話していきます。ブレイクラインとは、まっすぐに打ち出したボールが芝目や傾斜の影響を受けて、曲がっていく軌道のことです。実際にボールを打つ前にまず、このラインの読み方を身に付けておかないといけません。

グリーン上でパットをするとき、芝目には順目の場合と逆目の場合があります。そして傾斜には上りと下りがあります。この影響でボールはフックしたりスライスしたりするのです。これを大きく分けると、下り（または順目）のフック、上り（または逆目）のフック、下り（または順目）のスライス、上り（または逆目）のスライスの4パターンに分けることができます。ブレイクラインの練習では、この4パターンに対応できるようにしていきます。

ただし、練習するうえで勘違いしてはいけない鉄則があります。それは「パットはストレートにしか打たない」ということです。ドライバーやアイアンを使ったボールを浮かすショットでは、ストレート以外にも自分でボールを曲げる打ち方があります。しかし、パットにはボールを曲げる打ち方はありません。ブレイクラインがフックでもスライスでも、あなたが打つボールはストレートだけです。ストレートにボールを打った結果、傾斜や芝目の影響でボールの軌道がフックやスライスになるのです。ボールを曲げるのは、傾斜と芝目の仕事であって、あなたの仕事ではありません。ところが、これがわかっていない人は、フックにしようとして左に打ったり、スライスにしようとして右に打ったりします。これではカップよりも手前で曲がり始めてしまい、ボールはカップからどんどん離れていきます。こうしたラインをアマチュアラインといいます。アマチュアラインにならないよう、ボールは必ずストレートに打ち出しましょう。

これまで、ショートパットで「正しい方向」に打つこと、ロングパットで「正しい距離」に打つことを練習してきました。ここに、ブレイクラインの考え方に基づいた「正しいラインの読み方」をプラスすれば、正しいパッティングが完成します。何度も言いますが、正しいパッティングこそが、スコアを良くするための近道です。最後の要素としてラインの読み方を鍛え、パッティングをレベルアップしましょう。

【ブレイクラインの基礎】その1

自分で設定した「仮想カップ」を狙え!

それでは、「正しいラインの読み方」を解説していきます。左ページの図を見てください。①の場所からボールを打つのであれば、カップまでのラインが傾斜している点に注目しましょう。斜面の下方から上方に向けて逆らって打てば、ボールは転がりづらくなります。そのため、このようなケースでは、まず、ボールがどの程度減速するかをイメージします。そして、その減速する分を考慮して、本カップの向こう側にもう一つのカップ(仮想カップ)を設定します。この「仮想カップ」に入れるつもりでボールを打てば、ボールは減速し「仮想カップ」まで伸びず、本カップに入ります。

ブレイクラインでは、この「仮想カップ」を設定することが大事になります。

①の場所は本カップから傾斜に沿った真下に位置しているので、フックやスライスはしません。では、本カップの真下、もしくは真上から横にずれた位置にボールがある場合はどうすればよいのでしょうか?

次の項では、ボールがフックしたりスライスしたりする場合を解説します。

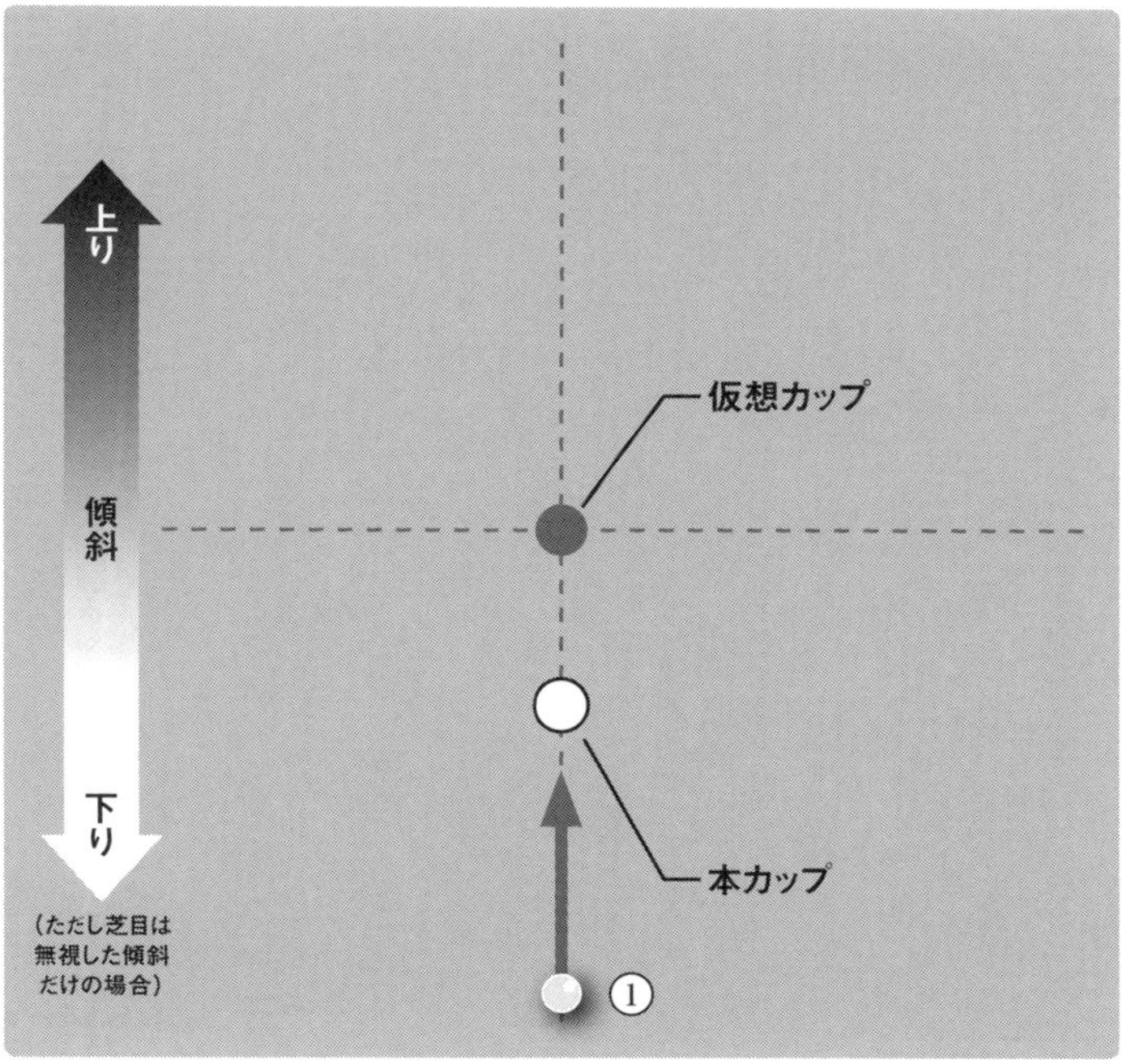
上り
傾斜
下り
（ただし芝目は無視した傾斜だけの場合）
仮想カップ
本カップ
①

【ブレイクラインの基礎】その2

ボールがどこでも「仮想カップ」はほとんど同じ位置

それでは次に、ボールが②の位置にある場合を考えてみましょう。②の位置からでも、実は「仮想カップ」は①のときとほとんど同じ場所になります。②から「仮想カップ」を狙って打つと、傾斜によってボールはフックして本カップに入ります。

ボールが③の位置にある場合も、「仮想カップ」の位置はほとんど同じです。③の位置からだとボールは傾斜によってスライスして、本カップに入ります。もし、③の位置から本カップを直接狙って打つと、ボールは本カップより手前でスライスを始めます。その後、本カップの横を通り過ぎて、どんどん本カップから離れていきます。

これが、いわゆる「アマチュアライン」です。このように「仮想カップ」を設定し、本カップではなく「仮想カップ」を狙ってストレートに打つのがブレイクラインの基本的な考え方です。「仮想カップ」はグリーン上のどこから打とうとほとんど同じ位置です。一見わかりづらいラインでも自分のボール以外の場所から確認することで、「仮想カップ」の位置はおのずと導き出せるはずです。

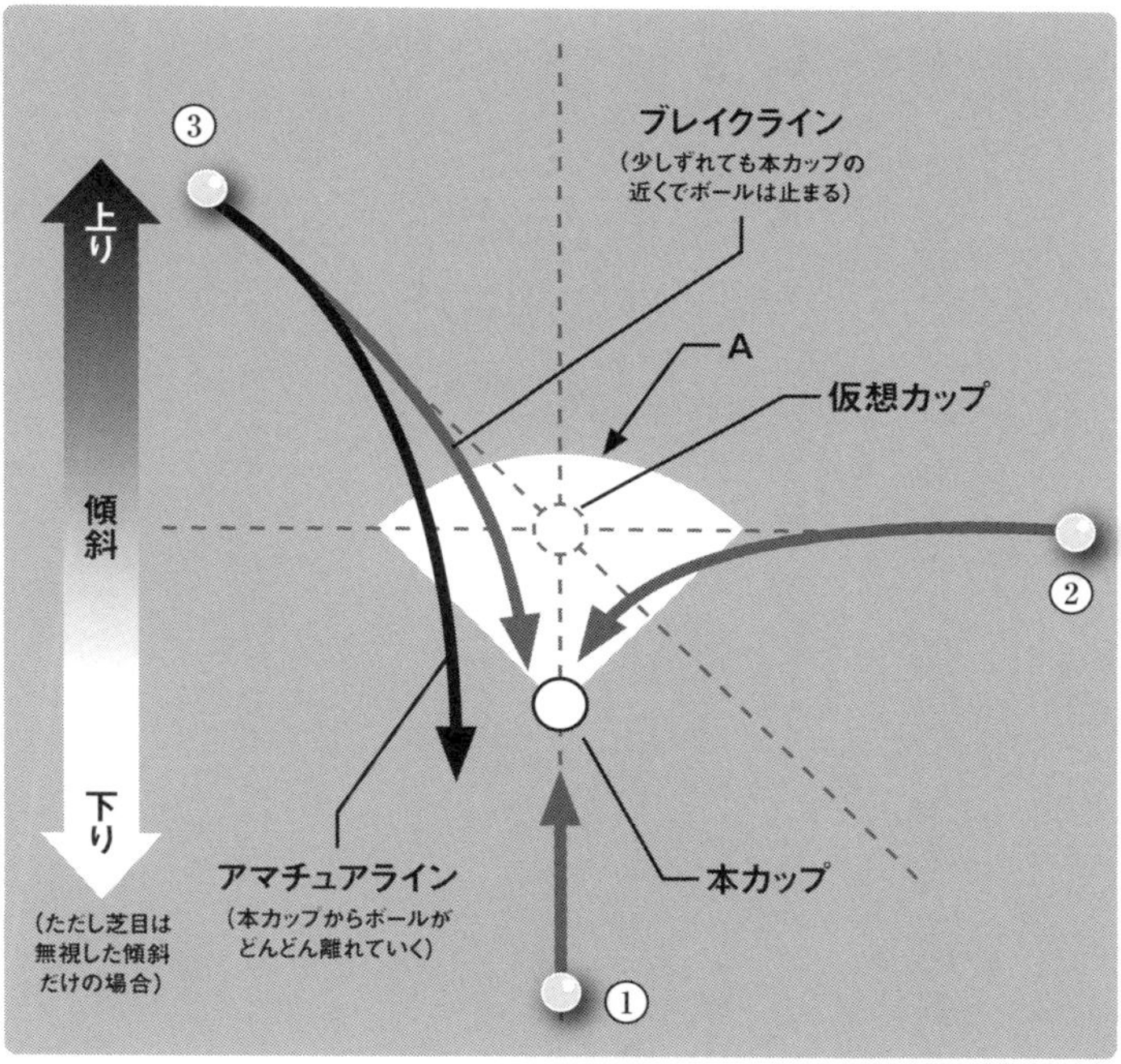

機械的に同じスピードで打てば、「仮想カップ」はまったく同じ位置になるが、人間が打つ場合はスイングに強弱がつくので、Aの範囲を狙うことになる。

【ブレイクラインの練習】

苦手なパターンをあきらめるのも大事

とても単純に分けるとブレイクラインには下り（または順目）のフック、上り（または逆目）のフック、下り（または順目）のスライス、上り（または逆目）のスライスの4パターンが想定できます。この4パターンを体感するには、ロングパットと同様にコースで練習するしかありません。

コースに行ったときには、練習グリーンで4パターンのブレイクラインをしっかりと練習しましょう。カップから1・8メートルほど離れた位置に立ち、4方向からそれぞれ5球ずつ打ってみます。目標は80％以上の成功率です。つまり5球打って4球入ればOKです。これを4パターンやって全20球中16球入れば成功率は80％です。練習で80％できたとしても、おそらくラウンド中は緊張などのせいで30％しか決まりません。ですから、練習中はどんなに悪くても成功率が60％以下にならないようにしましょう。

こうして4パターンの練習を重ねると、次第に自分が得意な場所と不得意な場所があるのがわかります。パッティングでは、自分の不得意な場所はあきらめて、得意な場所を生かすようにすることも大切です。例えば、フックするラインが苦手な人は、その場所から無理に1パットで決めようとしてはいけません。苦手なのに欲張ってしまうと、結果的に3パットなどのミスにつながります。そこで「2パットでいいや」と切り替え、ショートしないことだけに集中すれば、もし外しても返しのパットはスライスになります。そうすれば2パットで決まる確率が上がります。

全部得意であれば問題ありませんが、人間には必ず得意不得意があります。「逆目はいいけど順目はダメ」とか、「フックはいいけどスライスはダメ」とか、データを取れば必ず苦手な場所がわかります。そうした自分自身の傾向を知れば、グリーン周りのアプローチでも、どの位置にボールを落とすべきかがわかります。なるべく苦手なことはせず、得意なことをする。ゴルフにおいて、それはとても重要なポイントになります。

【ブレイクラインのポイント】その1

コースに出たときは情報を蓄積すること

仮想カップの位置を見極めるには経験が必要です。大まかなフックやスライスが読めても、もっと微妙なラインを読めないとボールはカップに入りません。だから、コースにたくさん出て経験を積んでいる人はスコアがいいんです。

例えば、プロは毎年同じコースで打っています。それを毎年繰り返していたら全18ホールのグリーンの傾斜は大体頭に入ります。グリーンの答えをすべて知っているのでプロはパットが入るんです。みなさんはプロほどコースには行けないでしょうが、経験を積んでいくことはとても重要です。ミスしたときでも「このグリーンは外したとしても、右に打っておけば寄せワンが取れる」とか、「このピンの位置だとピンを狙わずに左を狙った方が入る」とか、次のときのために学習していけばいいんです。

こうした経験を積んでいくうえで大事になるのが、周りの環境です。まず大きな傾斜を見ましょう。大まかなグリーンの形状を情報として取り込むのです。その次に山や海がどこにあるかを確認しましょう。水は高い位置から低い位置に流れるので、そのグリーンの芝目の方向を判断するヒントになります。排水溝がどこにあるかも確認しておきましょう。そちらへも水は流れていくので、その近くの芝目は排水溝へ向かって流れているはずです。こうした情報から傾斜と芝目による影響をプラスマイナスし、最後にどのくらいの数値が残るかで仮想カップの位置が決まるのです。

コースに行くたびにこうした情報を蓄積し、同時に実際のプレーから経験を積んでいきます。そうすれば、仮想カップ設定の精度がだんだん高まっていきます。

【ブレイクラインのポイント】その2

上りや逆目からのパットは入りやすい

同じ距離でも上りや逆目になっている位置から狙う方が、カップの向こう側の土手にボールが当たるため、入る確率が高くなります。短い距離でも順目やカップの真横、下りの場合は入る確率が低いので、なるべくボールをカップの下につけた方が確率はよくなります。

パッティングには「攻めのパット」と「守りのパット」があります。自分が得意なラインや下からの場合なら攻めていいですが、苦手なラインや横や下りの場合は守りのパットもありです。パッティングが得意だという人でも、コースに出れば2メートルのパットで50％の成功率、3メートルで30％の成功率です。一般の人であれば、もっと低いはずなので、入らないからといって大げさに残念がる必要はありません。

今まで解説してきたことがすべてできるような上級者であれば、さらにロフトとライ角を使って傾斜や芝目の影響を相殺する技も使えます。しかし、それはあくまで基本ができてからの話なので、本書ではあえて解説しません。それはまた次の機会に取っておきましょう。

コラム①

「悪いときにどうするか」が人間の価値を決めます

ゴルフを始める前に、あなたは「最近、腰が痛くて練習してないから」とか、「昨日、飲み過ぎて寝てないから……」なんてことを言っていませんか？　これらは失敗したときの逃げ道を作るための言葉です。こんな言葉を口にできるのはゴルフが個人スポーツだからです。野球やサッカーで考えてみましょう。大事な試合の直前に「最近、全然練習してないから」と言う人がいますか？　そんなことを言ったらチームメイトからの信頼を失ってしまいます。チームスポーツでは言いわけができません。

僕が教えている生徒さんの中にも「飛ばないんだよな」とか、「おかしいな。昔は飛んだのに」と言う人がいます。こちらも色々な人のスイングを見てきているプロなので、そんなのは嘘だとすぐわかります。すごく良いスイングなのに結果が出ていないのなら、今は調子を崩しているだけですが、明らかに悪いスイングをしている人に良い時期があるはずないからです。また、「ベストスコアを書いてください」と頼むと、「39」と書く人もいます。僕が冗談めかして「すごいですね。18ホールで39ですか？」と聞くと「いや、ハーフです」と答えるんです。野球の試合結果を聞いたとき、「5回裏までは3対0で勝ってました」と答える人がいますか？　そこで「じゃあ、倍の78ですか？」と聞くと「いや、90です」と言うんですよ。見栄を張って背伸びをしているんですね。いくら背伸びをしても、事実と違うのは自分が一番知っていますし、疲れてしまうだけです。しかもそんな人はベストスコアでは見栄を張ったうえに、ワーストスコアは覚えてないと言うんですよ。これは根本的な考え方が間違っています。ワーストスコアこそが自分の実力なのです。

「悪いときにどうするか」が人間の価値を決めます。調子が良いときなんて放っておいてもいいんですよ。ゴルフでもコースに10回出れば1回は調子が良いときがあります。3回が普通で、6回は調子が悪いときです。元々ゴルフは不平等なスポーツです。ティーグラウンドではみんな平等だけど、打った瞬間に良いショットをした人の球がディボットに入ったり、逆に悪いショットをした人の球がカート道に当たってすごく良い場所に来たりします。ただ1回の良いスコアなんて、自分の実力通りではないんです。だから、6倍もある悪いときの方が大事なんです。悪いときでも色んなアプローチや打ち方ができ、悪いなりにスコアをまとめられる人が、本当にゴルフのうまい人なんです。

第2章

寄せワンでショートゲームを制する
「転がすアプローチ」の秘訣

寄せワンのパーを取る回数を増やす！ そのためには正確なアプローチが必要です

残念ながら、歳を取れば取るほどボールの飛距離が落ちるのは当たり前です。それに逆らって、いくら飛ばそうとしても、その練習はあまり効果がありません。それよりも距離が落ちて、グリーンになかなか乗らなくなる分を補うアプローチを練習した方がスコアは改善しやすいのです。

どんなに飛ばなくなっても距離に関しては、1打足せば絶対に解決するでしょう。400ヤードのパー4は長いと思うでしょうが、150+150+100ヤードでグリーンに乗ります。極端にいえば、6番アイアン+6番アイアン+ピッチングウェッジで届くでしょう。だから長くないんです。1打を足したボギーオンから2パットすればボギーです。ショートホールなら2オン2パット、ロングホールでも4オン2パットで、どちらもボギーとなります。500ヤードの場合でも150+150+150+50ヤードで4オンです。絶対に4打あれば乗ります。

もしその中で1パットが取れればパーですから、スコアにはボギーかパーしかないはずです。全部ボギーオン2パットだった場合、パーオンが0回でもトータル・スコアは90で回れます。たった1回でも、寄せワンのパーを取れば89、2回取れたら88になります。一般のゴルファーでは90を切れない男性が全体の90%、100を切れない女性が全体の90%といわれますから、男性なら全部ボギーで90、1回寄せワンのパーを取れれば80台となり、わずか10%しかいないうまい人のグループ入りです。だから「距離が長いから飛ばそう」と考えるのは間違いなのです。歳を取れば距離が出なくなり、よりパーオンが少なくなるので、距離よりも「寄せワンのパーを何回取れるか」を考えましょう。寄せワンのパーも当然ながらピンに近いほど1パットで決まるので、まずはピンに近づけるアプローチが必要となります。

また、そう考えると、グリーンに近い位置であれば、より確実に寄せワンのパーを取らないといけません。グリーンに近いほど簡単なアプローチとなり、遠くなるほど応用が必要となるからです。そこで、僕はまず短い距離の簡単なアプローチから順番に指導しています。その中でも一番距離が短く確率が良いのが、パットとアプローチの中間の技術であるパットアプローチです。

グリーンに近いときに行うパットアプローチはミスをしにくい最も簡単なアプローチ

グリーンから少しこぼれた位置にボールがあるときは、ロングパットでボールをピンに寄せればよいのですが、ライン上に重い芝や傾斜があって、思うように転がらない場合があります。そんなときはロフトのついたサンドウェッジやピッチングウェッジを使って、一度、ボールを浮かせてからボールを転がしましょう。これがパットとアプローチの中間の技術となるパットアプローチです。

パットアプローチではロフトが立ったクラブほど、ボールが落ちてからのランの距離が伸びます。常にボールを飛ばす距離（キャリー）と転がす距離（ラン）を考えながら打つようにしましょう。多くの人がキャリーばかりを気にして、落ちたところからどうボールが転がるかを考えていません。これでは寄せワンのパーを狙うのは無理です。パットアプローチを打つときは、ボールが落ちた後のランの部分を計算することの方が大切です。そこで役立つのが、前章のロングパットやブレイクラインで解説したことです。アプローチのラン部分はロングパットと同じ要領で考えましょう。

【パットアプローチの基礎】その1

正しいグリップ【G】とアドレス【A】

それではパットアプローチを解説していきます。

まずはグリップですが、パットアプローチを行うときは16～18ページで解説したパッティングの「正しいグリップ」と同じように握ります。また、アドレスも19～21ページで解説したものと同じです。

クラブをパターからサンドウェッジやピッチングウェッジに持ち替えたからといって、グリップとアドレスを変える必要はありません。パットアプローチは、パッティングの応用ぐらいの感覚で取り組むのがよいでしょう。

ただし、アドレスでは、ソールの全面を地面に着けず、シャフトを少しつるして持つようにしましょう（76ページ写真ソ）。そうするとクラブのヒール側が浮いて芝とヘッドの接地面が少なくなり、逆目やザックリしそうな状況でも抜けやすくなります。

ただし、シャフトをつるして持つと、クラブのフェイス面は少し右を向くので、フェイスをやや左に向けて閉じるように構えましょう（77ページ写真タ&チ）。

パットアプローチの正しいアドレス

ソ

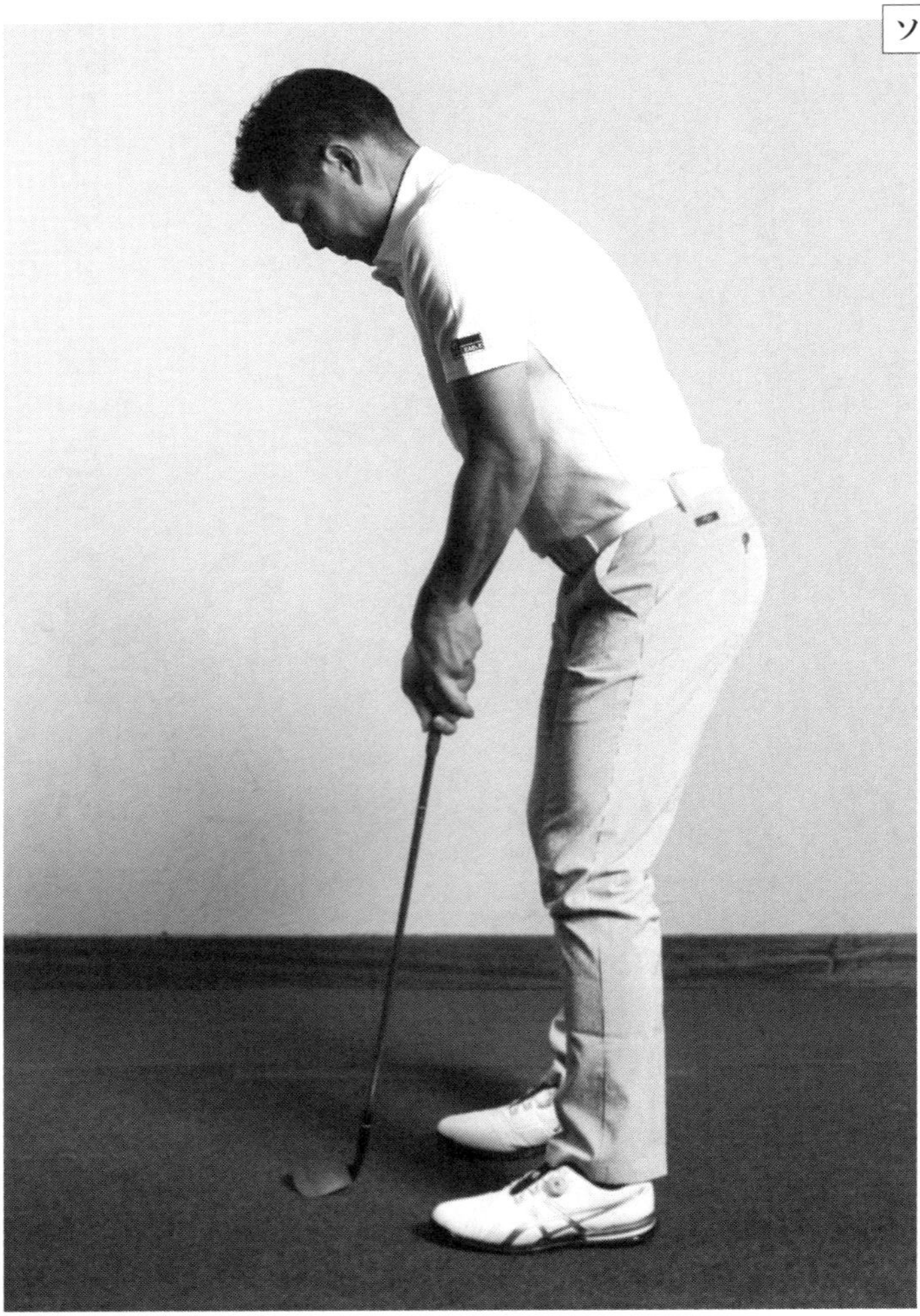

ヘッドのソール側を浮かせる

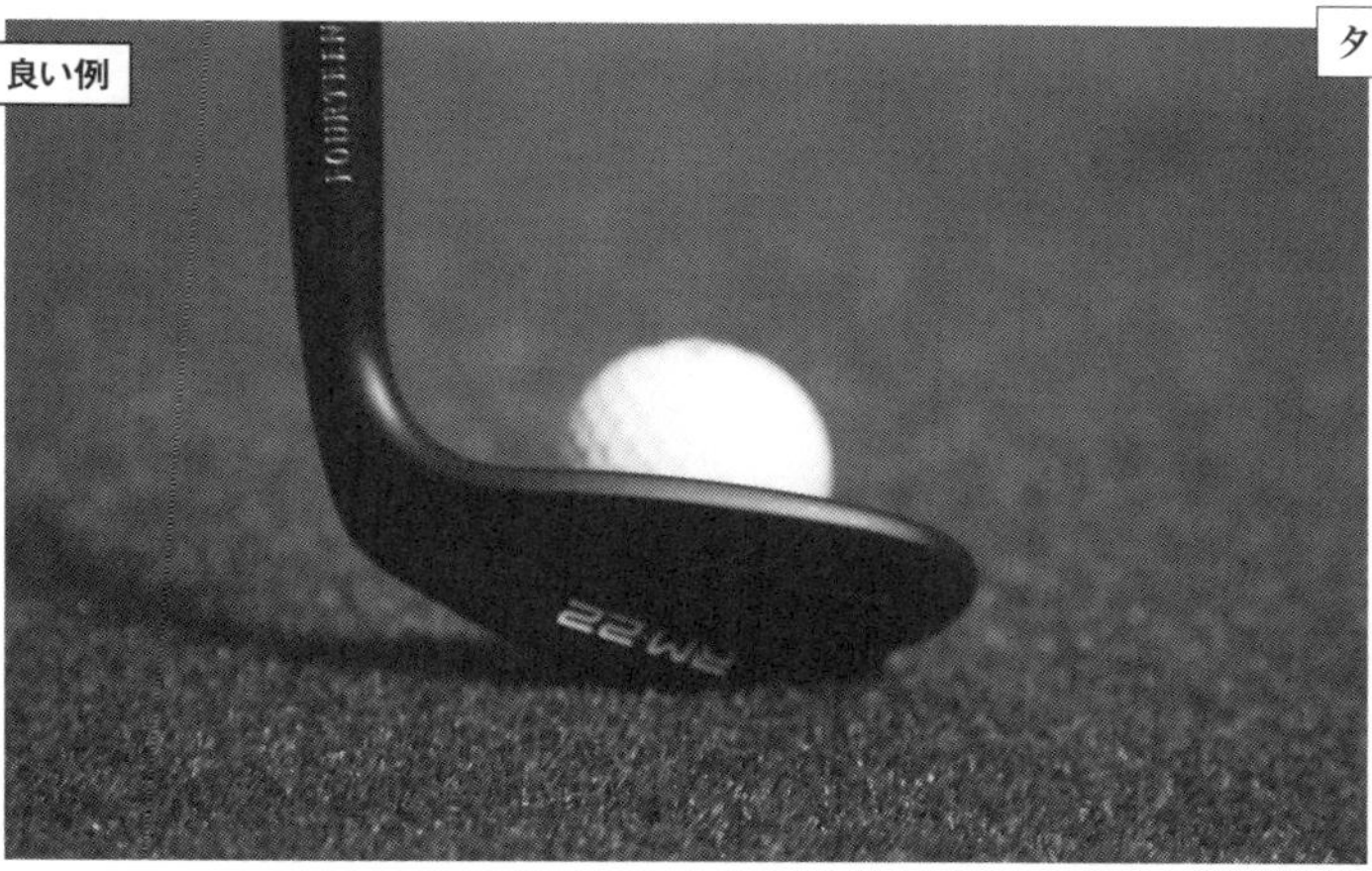

ヒール側を浮かせると、ダフっても抜けやすくなる。ヒール側を浮かせた後は、フェイスを左に向けて閉じ、クラブの芯を正面に向けることを忘れないように。

シャフトをつるようにして持てていないと、ソールの全面が地面についてしまう。ソールの全面が接地した状態から振ると、ダフったときに、ヘッドの抜けが悪く、ザックリになりやすい。

【パットアプローチの基礎】その2

正しい（ボール）ポジション［P］

次にパットアプローチのときの（ボール）ポジションですが、これだけはパッティングのときとは違います。写真ツのようにボールが鼻の真下にくる位置に立ちましょう。

パットアプローチの正しい（ボール）ポジション

ツ

【パットアプローチの基礎】その3

正しいストローク

パットアプローチのストロークも、パターと同じように下半身を動かさず、手首は使わないで、肩の動きだけで打ちます。

ここで注意して欲しいことが一点。ロフトがついたクラブを持つと意識的に自分でボールを上げようとする人がいますが、それは必要ありません。ロフトのついたクラブを持っているんだから、パターのように転がそうとして打ってもロフト通りにボールは上がります。それなのに自分で上げようと余計なことをすれば、距離が合うわけがないんです。だからこそ初めにパターで転がす準備からしてきたわけです。パットアプローチもアプローチと思わずに、パターだと思って打ってください。

それから、パットアプローチのストロークでは、もう一つ大事なことがあります。それは「芯を外して打つ」ことです（81ページ写真テ）。クラブヘッドの芯で打ってしまうとボールは勢いよく転がり、目標を通り過ぎてしまいます。芯を外して打てば、転がりが悪くなるので、下りや近くて速いグリーンにも対応できるようになるのです。

悪いストローク

1

手首を曲げているため、支点が肩ではなく手首になっている。これでは安定したボールは打てない。

2

ボールを自分で上げようとしてヘッドアップしている。それによって下半身も動いてしまい、軸がぶれている。

正しいストローク

1

パターと同じように下半身を動かさず、手首を使わないようにする。肩だけを動かしてパターのようにストロークする。

2

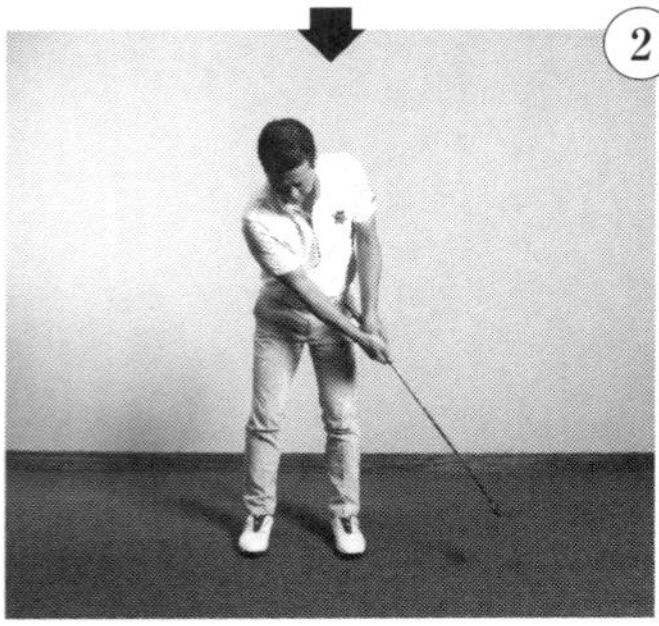

ボールの上がりはロフトに任せ、自分でボールを上げようとしない。インパクトは通過点の意識を忘れずに。

芯を外して打てば飛びすぎない

フェイスの中央にある芯にボールを当てると、飛びすぎてしまいがち。芯を外して打てば、勢いのない「死に球」となり、速いグリーンや下りに対応しやすくなる。

【パットアプローチの基礎】その4

ボールの横で素振りして手に地面の感触を残す

パットアプローチの素振りはパターとは違います。パターとドライバーはボールの後ろ側で空中を素振りします。一番短いパターと一番長いドライバーは実際のスイングでも空中を打つので、空中で素振りをすればよいのです。でも、それ以外のクラブを持ったときは地面の感触を得ながら素振りをしないといけません。しかも傾斜やラフがある場合は、ボールがある場所から離れた場所で素振りをしても、ボールがある場所とは芝の状況が違います。近い状況が得られるのはボールの真横なので、ボールの真横で必ず地面をこするように素振りをします。そうやって地面の感触を手に残しておくのです。

また、パットアプローチではピンを見て素振りをしてはいけません。パットはカップを見て振り幅を調節しました。でも、アプローチではどこに落ちてどれだけ転がるかが大事です。打ち出したボールが落ちて、転がる様子がイメージできたら、その落としどころだけを意識して素振りをします。狙うべきはカップではなく、落としどころなんです。落としどころを見て素振りをし、振り幅を決定しましょう。

まずはボールの横で落としどころを狙い、感触を確かめながら素振りをします。それからボールの後ろに行って方向を確認した後、構えに入って打つ。これがパットアプローチの手順です。

パットアプローチの手順

ボールの横に立ってキャリーとランの比率をイメージする。

ボールの横で落としどころを見て素振りする。そのとき、芝をこする素振りをして、芝の感触を手に残しておく。

一度後ろに下がって、打つべき方向を確認してアドレスに入る。

再びボールの横に戻り、パットアプローチで先ほど決めた振り幅を振り、結果を見る。

【パットアプローチの練習】

キャリーは打ちっぱなしでも練習できる

落としどころからボールがどれだけ転がるか、つまりランの練習はグリーンがないとできません。ですから、あなたがメンバーになるんだったら、本グリーンでアプローチの練習ができるコースをお勧めします。そういうところなら、ロングパットの練習もできるはずです。コースに行ったときのロングパットの練習がいかに重要なのかは、第1章で述べましたね。ただし、思ったところにどう落とすか、つまりキャリーの練習は打ちっぱなしでもできます。打ちっぱなしではキャリーでボールを落とす練習をしてみてください。思ったところに落とすのがアプローチの基本です。思ったところに落とせない人は、アプローチが絶対にピンに寄らないので、寄せワンのパーが取れず、なかなか90が切れません。キャリーを練習するときも、前項で解説したパットアプローチの手順を忘れないようにしてください。落としどころを見て振り幅を決め、狙う方向にアドレスして打つ。アドレスする前に振り幅と方向を決めておくことで打つときは下だけを向いて集中できるので、顔が残って軸がぶれなくなります。

パットアプローチの練習

ト

グリーンで練習できるときは、ランを確かめられる貴重な機会。落としどころから、どのくらいボールが転がるかを見て、自分なりの距離感とランを確認しよう。

ナ

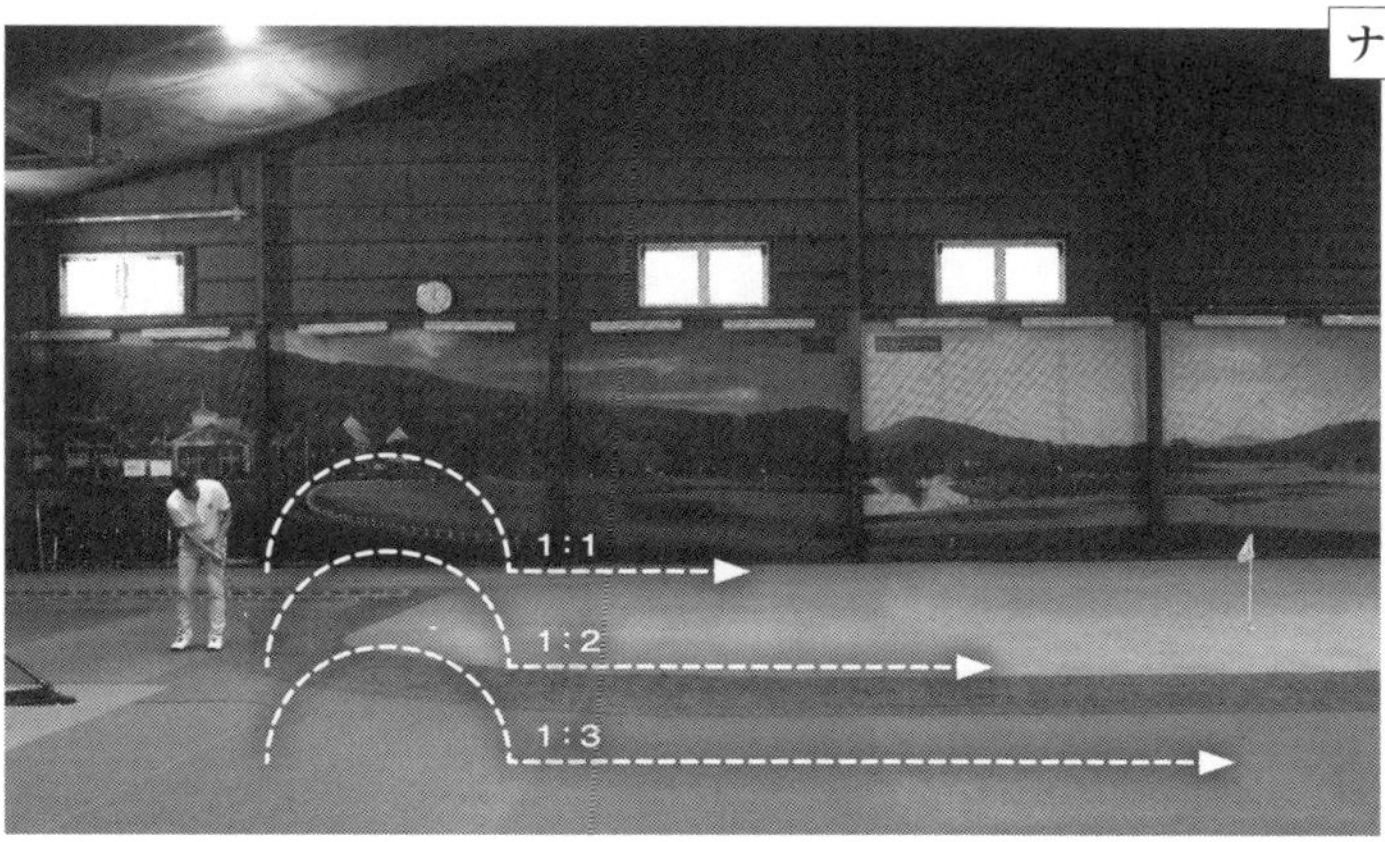

クラブを替えればランが変わる。クラブを持ち替えて、サンドウェッジならキャリー1:ラン1、ピッチングウェッジならキャリー1:ラン2、8番アイアンならキャリー1:ラン3というように、ランだけが伸びていく感覚をつかもう。

【パットアプローチのポイント】その1

「プロのように」ちゃんとやるとミスします

僕はパットアプローチのレッスンを始めるとき、生徒さんには「カップが近いんで、ぴったり寄せてくださいよ」と言います。すると、生徒さんは「プロのように」ちゃんと構えて、ちゃんと打つんです。でも、ボールはピンよりも奥に行くんですね。もう一度やってもらうと、次は奥に行ったという意識があるからインパクトで力を緩めてしまい、今度はザックリするんです。みんなほとんど同じことをするんですよ。それには原因があります。

どんなレッスンでもミスの原因と修正法を覚えてください。なんで自分がミスしたかがわからないと同じことをやり続けます。だから常に「なんでミスしたのか?」「どうしたら直るのか」を覚えてください。

このパットアプローチのとき、その生徒さんがミスした原因は「プロのように」やったからです。プロには基本ができているうえに練習量が多いからできる技術があるのです。基本ができていないうえに練習量の少ないみなさんは、「プロのように」やっても、それは形だけで、同じことができているわけではありません。プロのようにやっているのに何十年も結果が出ていないのだったら、むしろ「プロのようにやったからミスしたのかも」と疑ってみましょう。

それでは、「プロのように」やったために起こったミスを解説していきましょう。一つ目は「プロのように」ちゃんと構えようとすると、多くの人は手首に角度がつくからです。そして大抵は手首の角度がスイングの途中でほどけます。だからザックリしたりトップしたりします。二つ目はソール全面を接地した状態でアドレスして打つからです。それではヘッドの抜けが悪く、逆目やラフのときにザックリになります。三つ目はボールを芯で打ってしまっていること。これではボールが飛び過ぎるので、インパクトで力を緩めれば、これもザックリの原因となります。

気付いた人も多いでしょうが、実はこれまでの解説に、その三つのミスをなくす方法がすでに書いてあります。まずはアドレスのときにクラブをつっておくこと。そうすれば手首に角度をつけず、パットと同じように肩の動きだけでストロークするようになります。最初から手首の角度がついていないので、ほどけることはありません。二つ目のミスも、クラブをつっていれば接地面が少なくなるので、ザックリの確率が減ります。

三つ目は芯を外して死に球で打つことです。これで結果は出るはずです。つまり、僕が教えている「クォーター理論」の技術は、いうなれば「プロのように」やって結果が出ない人があえて逆のことを行い、プロと同じ結果を得られるものなのです。

【パットアプローチのポイント】その2

引っかかるときはシャフトを身体の前に出す

ここまで、パットアプローチは「パターのグリップで」としか言ってきませんでした。しかし、背の低い人や冬場に厚手のゴルフウェアを着ている人は注意が必要です。パターからクラブを持ち替えた分、クラブが長くなり、グリップエンドが自分の胴体に引っかかることがあります。

そんな場合はグリップの仕方を少し変えてみましょう。パターの握りでは親指を上に置くので、クラブが完全に手の平の内側に隠れた形になります。その形から少し手を開いてみましょう（89ページ写真②）。両手を外側に剥《む》くような感じです。

そうやってシャフトを身体の前に出すと、グリップエンドが胴体に引っかからなくなります。しかも、脇が閉まって正しい姿勢を取りやすくなります。グリップエンドが自分の身体にぶつかったり、服に引っかかったりする場合は、このようにシャフトを身体の前に出すグリップを試してみましょう。ただし、打ち方は変えず、パターと同じように手首、下半身、顔を動かさず、肩で転がすようにストロークしてください。

握っている手を開いてシャフトを前に出す

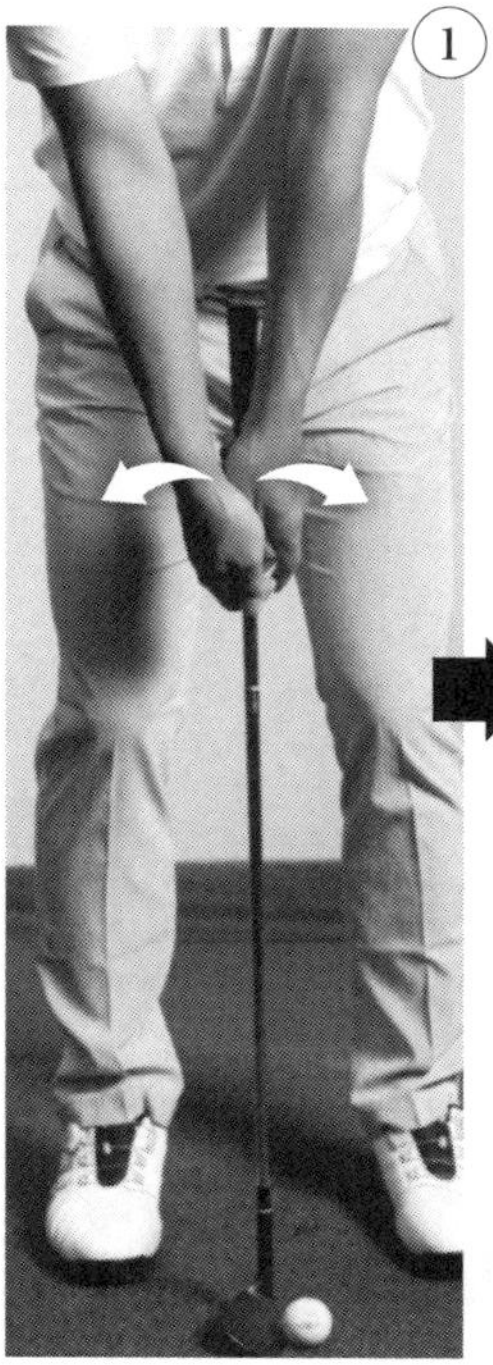

グリップエンドが身体に引っかかるときは、グリップを握る両手を前に開いてみる。

両手を開いてシャフトを前に出せば、グリップエンドが引っかからない。

パットアプローチの振り幅に限界がきたら、クォーター理論のランニングアプローチに切り替える

グリーンの近くにボールがあるものの、ピンが2段グリーンの奥にある場合など、ボールを転がして長い距離を寄せたいときは、一般的にランニングアプローチを使います。こうした「一般的なランニングアプローチ」では、ボールを右に置いてハンドファーストに構え、芯に当てやすくして転がします。ところが、これは最初に述べたようにピンが2段グリーンの奥にある場合など、かなりボールを転がさなくてはいけないときのアプローチです。大抵の場合、この打ち方で打つと飛び過ぎて、ボールが狙った場所よりも奥に行ってしまいます。すると多くの人が「これでは強すぎる」と次は緩めて打つようになります。結果、今度はザックリになって、これもまた距離が合いません。こうした間違いはアプローチの仕方が一つしかないと思っているから起こるのです。実はプロは時と場合によって、様々なアプローチを使い分けているのに、それらを言葉で表現するときは、ひとまとめにして「アプローチ」としか言いません。そこで、僕はわかりやすく「パットアプローチ」、「クォーター理論のランニングアプ

ローチ」、「一般的なランニングアプローチ」というように、様々なアプローチを言葉を変えて説明しています。さて、先ほど一般的なランニングアプローチでは飛び過ぎることが多いと言いました。それならば、あまり距離を出したくないときは、もっと距離が短くなるパットアプローチをしてみればいいんです。しかし、パットアプローチには振り幅に限界があります。クラブをつるようにして振るために、動作が窮屈で、ある程度の振り幅以上にはなりません。そこで、それ以上の振り幅が必要になったときには、「クォーター理論のランニングアプローチ」に切り替えるのです。

クォーター理論のランニングアプローチは、一般的なランニングアプローチのように強く転がし過ぎたり、つっかかったりすることがありません。ただし、パットアプローチよりもボールから離れて立つので、その分、身体の開閉が大きくなり、方向を合わせるのが難しくなります。パットアプローチよりもリスクは大きくなるわけですが、それでも一般的なランニングアプローチより、ミスする確率はずっと低いです。ピンまでの距離が長く、転がしたいときに「パットアプローチでは窮屈なら、クォーター理論のランニングアプローチに切り替える」と覚えておきましょう。それでは次のページから「クォーター理論のランニングアプローチ」について解説していきます。

【クォーター理論のランニングアプローチの基礎】その1

正しいグリップ【G】

クォーター理論のランニングアプローチを行うときは、次の①〜⑥の手順でクラブを握りましょう。左ページの写真も参照しながらチェックしていってください。

①上半身を前傾させ、手を真下にぶらんと垂らす。脱力した状態であれば、手は少し内側を向いている。

②その姿勢のまま、左手の指の付け根部分にグリップを置く。

③そのまま左手の手の平でグリップを包むように握る。左手の親指と人差し指の間のしわがちょうど右肩の方に向くのが正しい形。

④右手の中指と薬指の付け根でクラブを支える。

⑤右手で左手の親指を包むように上から握る。右手の小指は左手の人差し指の上に置くか、左手の人差し指とからめるようにする。

⑥右手が左手の親指、人差し指としっかりと密着してすき間ができないように握る。右手の親指と人差し指の間のしわは右の首すじあたりを向く。

正しいグリップ

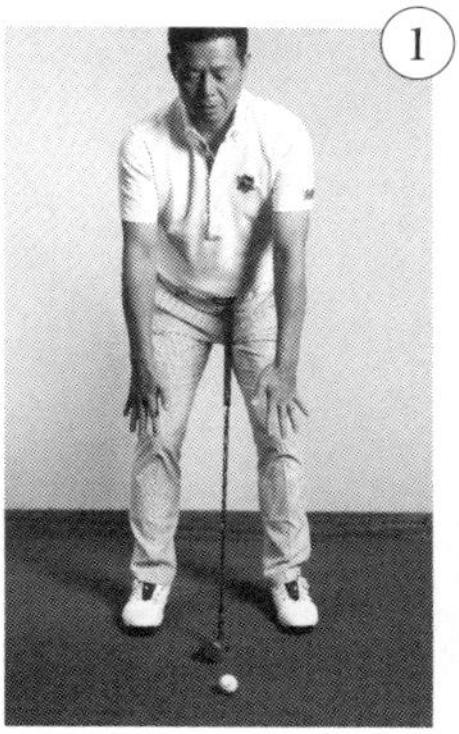

上半身を前傾させ、手を真下にぶらんとさせる。このとき、手は少し内側を向く。

その姿勢のまま、左手の指の付け根部分にグリップを置く。

左手の手の平でグリップを包むように握る。すると左手の親指と人差し指の間のしわが右肩の方に向く。

右手の中指と薬指の付け根でクラブを支える。

右手で左手の親指を包むように上から握る。このとき、右手の小指は左手の人差し指の上に置くか、左手の人差し指とからめる。

右手と、左手の親指と人差し指の間にすき間ができないよう握る。すると、右手の親指と人差し指の間のしわは右の首すじあたりを向く。

【クォーター理論のランニングアプローチの基礎】その2

正しいアドレス「A」と（ボール）ポジション「P」

次に、クォーター理論のランニングアプローチを行うときの、正しいアドレスと正しい（ボール）ポジションを解説します。左ページの写真を見ながら確認しましょう。

まずはアドレスですが、シャフトを少し自分側に倒してソール全面をぴったりと地面に着けます。するとフェイスは目標にまっすぐ向きます（96ページ写真ヌ）。

このときハンドファーストの状態にはせずに、シャフトはまっすぐに構えます。こうすることでクラブ本来のロフトが生きる形となります。ここでクラブを傾けてしまうとロフトの意味がなくなってしまいます（96ページ写真ネ）。

次に、そのクラブに対して身体を30度くらいオープンにして立ち、グリップエンドが左足の付け根を指すようにアドレスします。

そうすると、ボールは自然と両足のつま先の真ん中あたりにきます。

パットアプローチのときとの違いにも注意して、正しいアドレスと正しい（ボール）ポジションを覚えていきましょう。

正しいアドレスと正しい（ボール）ポジション

ソール全面を地面に着ける

ヌ

シャフトを少し自分の方に倒して、ソールの全面を接地させる。するとフェイスがまっすぐ向く。

クラブを傾けるとロフトの意味がなくなる

ネ

NG

ボールを身体の右に置いてシャフトを倒すと、ロフトを活用したショットができなくなる。

【クォーター理論のランニングアプローチの基礎】その3

正しいストローク

ここからは、クォーター理論のランニングアプローチのストロークを解説します。100ページの「正しいストローク」の写真を見ながら、確認していってください。

パットアプローチではまっすぐ構えて、パターのようにストロークしましたが、クォーター理論のランニングアプローチではスタンスはオープンですが、ヘッドは目標にまっすぐ出すようにします。

ポイントは「パターのように転がしましょう」ということです。パターもパットアプローチもクォーター理論のランニングアプローチも共通して、顔、手首、下半身を動かさずに肩で転がす打ち方なのです。

そして、もう一つ気を付けてもらいたいのが、「ほうきで掃くように振る」ことです。例えば、みなさんの前にゴミがあるとします。手にはほうきを持っています。そのとき、みなさんは「ハンドファーストで掃こう」とか「ゴミに直接！」とは思わないでしょう。ほうきで掃くときは、自然な手の振りで、ゴミより手前から掃いていくからこそゴミが取れるんです。これをクラブに持ち替えて考えると、つまりボールの手前から「ダフれ！」ということ。

「ボールの赤道の下に直接リーディングエッジを入れろ」と指導する人もいますが、よく考えてみてください。それは間違っているんですよ。ゴミを直接狙ったら、「ほうきで掃くように」きれいにはならないんです。ほうきは手前から掃いてダフるから、ゴミが取れるんです。ゴミを直接狙うと軸がずれ、手が前に出てザックリの原因になるのです。

アプローチが下手な人はハンドファーストで直接ボールを狙い、しかもフォローで上げようとしている人です。そうではなく、地面をこするようにしながらパターのようにストロークしてください。フォローでボールを上げようと思ってはダメです。パターで転がすように振れば、ボールはロフト通りに勝手に上がって、ロフト通りに勝手に転がっていきます。

ボールの手前から「ダフれ!」

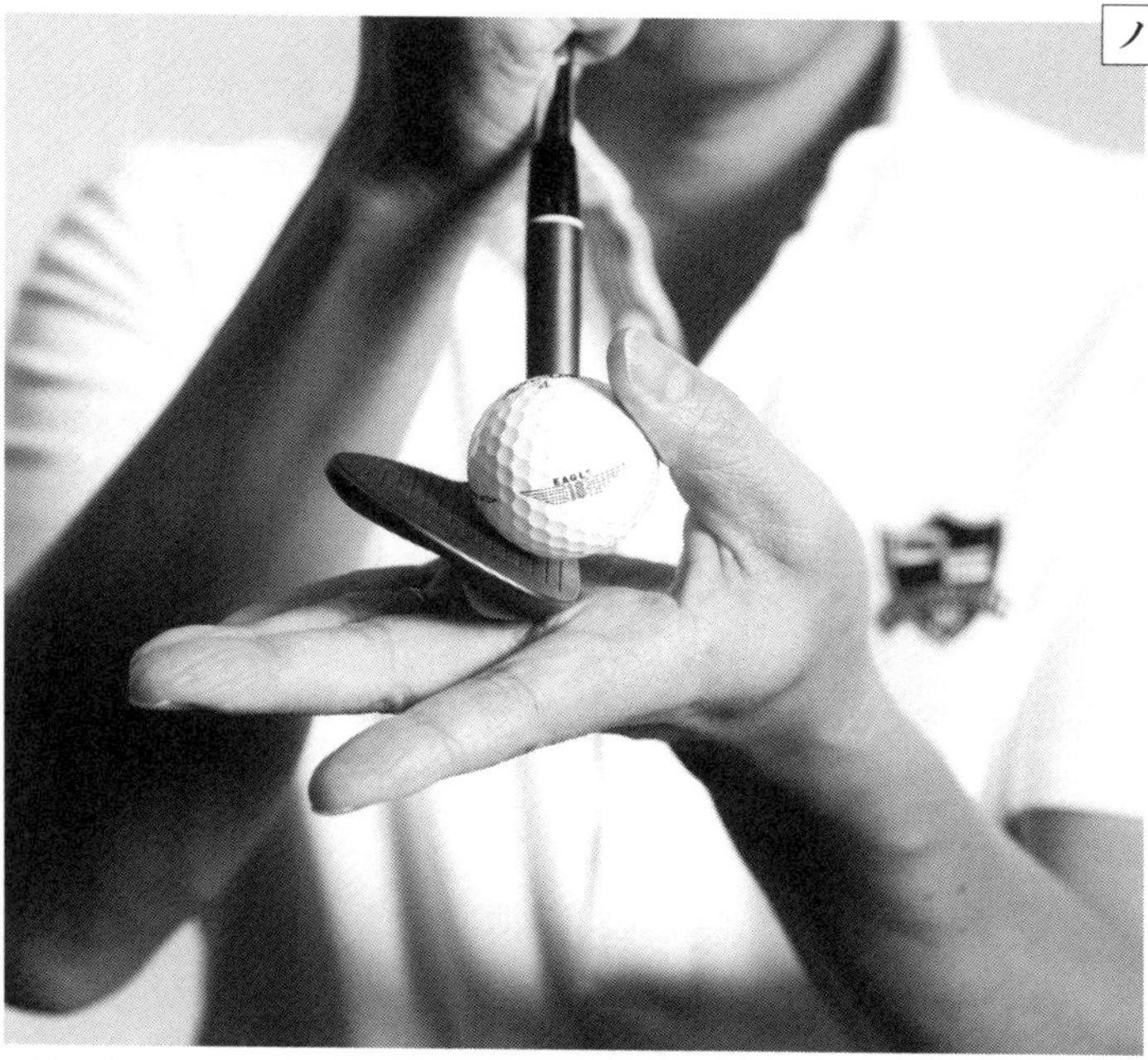

ほうきでゴミを掃くときと同じく、クラブをボールの手前からダフるようにしてストロークする。このとき、パターで打ったボールは順回転しますが、ロフトの大きなクラブで打つアプローチでは、クラブヘッドにある溝とボールにあるディンプルが接してギア効果が生まれ、バックスピンがかかる。

悪いストローク

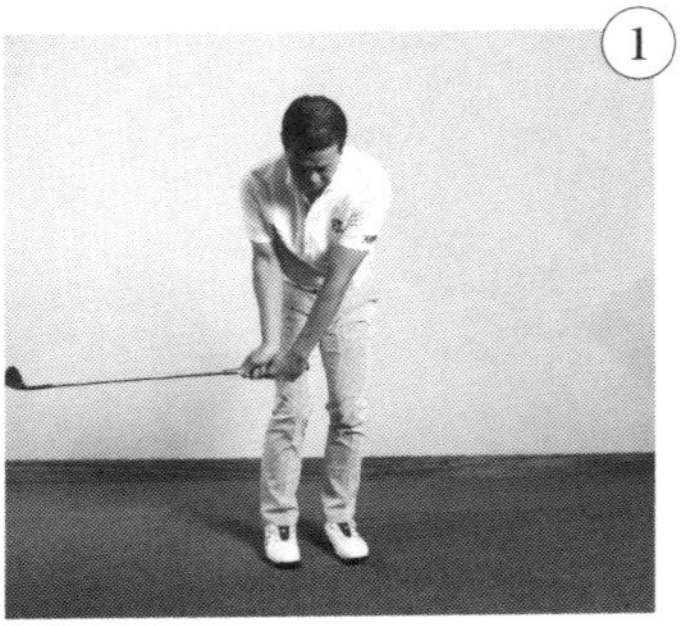

手首を使ってシャフトを上げてしまう。それと同時に下半身も始動しており、軸がぶれやすい。

フォローでボールを上げようとすると、上半身が打つ方向と逆側に倒れる。これでは方向も安定しない。

正しいストローク

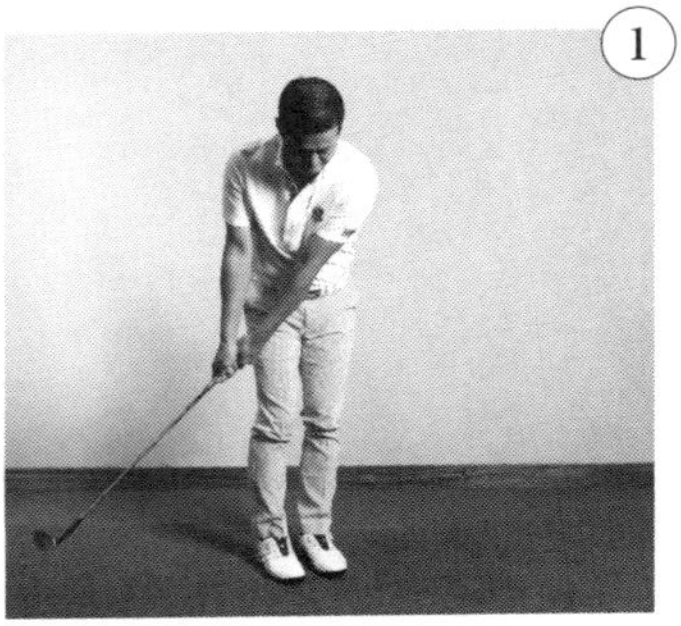

オープンなスタンスから、パターと同じように下半身や手首を使わず、肩だけでストロークする。

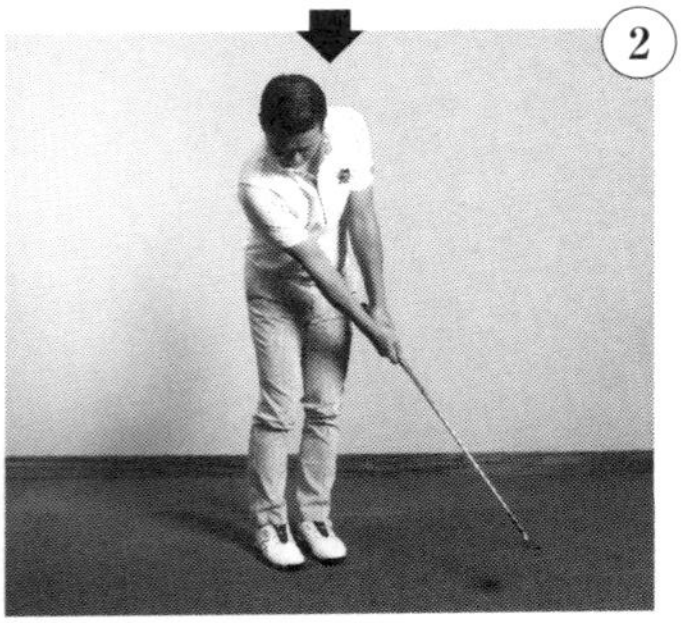

「ほうきで掃く」感覚で、ボールより少し手前の芝からこすってボールを打つ。「ダフれ」がポイント。

【クォーター理論のランニングアプローチのポイント】

アプローチの目的は「芯に当てる」ことではない

この項の初めに、プロは様々なアプローチを使い分けているのに、説明するときはそれをひとまとめにして「アプローチ」と言っていると述べました。その証拠に、うちの生徒さんに「アプローチをやってみて」と言うと、ほとんどの人が「僕はアプローチが苦手なんで、Pか8の転がししかしないんですよ」と言います。これが、いわゆる「一般的なランニングアプローチ」です。それだって「アプローチ」のうちの一つなんですが、そこは流して話を進めましょう。

次に「じゃあ、あの奥のピンに寄せてください」と言うと、生徒さんは絵に描いたようにピッチングウェッジでハンドファーストで普通にグリップして、ボールを右に置いて芯で打って転がします。すると当然ですが、ボールは飛び過ぎます。次こそはと、今度は緩めて打つとザックリになってグリーンに合わない……。そのとき僕はこう言うんです。「それは打ちっぱなしの間違ったレッスンですよ」と。

打ちっぱなしにはグリーンがないので、ボールが落ちた後の転がりが確認できないんです。ボールは右に置いた方が芯に近づくので、芯には当たりやすくなります。芯に当たると、打感も良いため「僕のランニングアプローチは完璧だ」と勘違いしてしまうんです。でも、いいですか、芯に当たったらOKではないんです。アプローチはカップに寄ったらOKなんです。いつの間にか目的が変わっているんですよ。でも、グリーンがなくて結果が見えないから、そう思ってしまう人が多いんです。

前のページの生徒さんのように、ピッチングを選んで芯に近づける形でストロークすれば、確かに芯には当たりやすくはなりますが、その後、どれだけボールが転がるか想像がつきません。さらにシャフトを傾けて、リーディングエッジの部分をまるで刃を突き立てるようにするのでザックリ行くのは当たり前です。強く飛ぶかザックリかが五分五分のギャンブルしかやっていないんです。

何をするときでも目的を見失ってはいけません。アプローチの目的は「芯に当てる」ことではなく、「カップに寄せる」ことです。そのためには、「一般的なランニングアプローチ」よりも「クォーター理論のランニングアプローチ」や「パットアプローチ」の方が適している場合があります。それらを確実に身に付けておけば、そのときの状況によって、複数の武器を使い分けることができるようになるのです。

それではこの項の最後として、プロが使用し、みなさんがよくまねする「一般的なランニングアプローチ」について少し補足しておきましょう。逆説的にはなりますが、「クォーター理論のランニングアプローチ」よりも遠くへ転がすには、この「一般的なランニングアプローチ」が適している場合があります。

【一般的なランニングアプローチのポイント】

ずれた結果をまねしても「プロのように」はならない

一般的なランニングアプローチは、クォーター理論の技術と同様にグリーンの近くにボールがあるものの、ピンが2段グリーンの奥にある場合などに、長い距離を転がして寄せる打ち方です。プロはよくこの打ち方をしていますが、アマチュアがこの打ち方をまねると、前述の通り転がり過ぎたり、リーディングエッジがつっかかるなど、ミスをしやすくなります。その理由は簡単です。ひざを送ってハンドファーストにしようとするからです。プロがランニングアプローチをしている写真を見ると、確かにひざを送ってハンドファーストにしているように見えます。「プロのように」やっているのに、どうしてミスをするのでしょう。

これにはカラクリがあります。その一つが短いクラブほどヘッドが重いことです。重いヘッドのクラブを握って振り幅を増やすと、たとえパターのように振っていても重さの影響を受ける分、写真や肉眼には手首にコックが入ったように見えるんです。人間は機械ではなく筋肉でできているので、重さに引っ張られて身体がずれた結果、ひざを送ってハンドファーストにしているようにも見えるわけです（107ページ写真①〜③）。

プロコーチでもこのことがわかっていない人が多いです。だから、生徒さんには「プロのようにコックして、ひざを送ってハンドファーストで打て」と教えてしまうんです。そうすると、本来ならパターのように振るだけでいいのに、イメージから生まれた間違った方法を実践してザックリとかカツンとなるわけです。ずれた結果を勉強してはダメなんです。ヘッドの重さでずれる前のストロークをイメージする必要があります。そうすれば頭に描くイメージは写真とは違いますが、実際に振ってみるとヘッドの重さにスピードが加わってずれるため、結果的にプロと同じになります。

ゴルフは球技の中でも一番ボールの飛ぶ距離が長く、スイングする用具のヘッドスピードが一番速いスポーツです。中でもスイングスピードの速いプロゴルファーが振って大きくずれた結果を、年配のアマチュアゴルファーがイメージしてまねしても同じになるわけがありません。歳を取れば取るほど脳から筋肉への伝達スピードが遅くなり、筋力も落ちています。イメージを実行するスピードが遅くなっている分、ずれる前のイメージを逆にずらさないと追い付かないんです。

プロが一般的なランニングアプローチをするとき、コックしてひざを送り、ハンドファーストで打っているように見えるのはずれた結果です。頭の中のイメージでは、基本的なパターの振り方をしているだけなんです。一流の選手ほど基本に忠実なことしかしません。プロ野球のノックでも、試合前の練習でギリギリのところに飛び込んでいくようなキャッチングをしている人はいませんよね。基本に忠実に正面に入って、軽く取って投げ返しています。基本の反復練習しかしていないんです。それでも試合中にファインプレーができるのは、基本を身に付けているからです。基本がしっかりしているから、試合でとっさに動いた結果、ファインプレーができるのです。そのファインプレーだけをまねしてアマチュアのおじさんが練習しても、一生野球はうまくならないでしょう。

実は、このずれはフルスイングにもつながっています。小さい振りでもそれだけずれるわけですから、それがフルスイングになると、もっとずれた結果が写真に写るわけです。みなさんはそれを見て、同じようにやろうとしてるわけですから、かなりおかしなことをしているんです。だからオーバースイングになる人が多く、みんなフィニッシュが取れなくなるんです。

一般的なランニング アプローチのストローク

テイクバックの勢いによってクラブの重さで腕が引っ張られ、手首を使ってコックを入れているように見える。

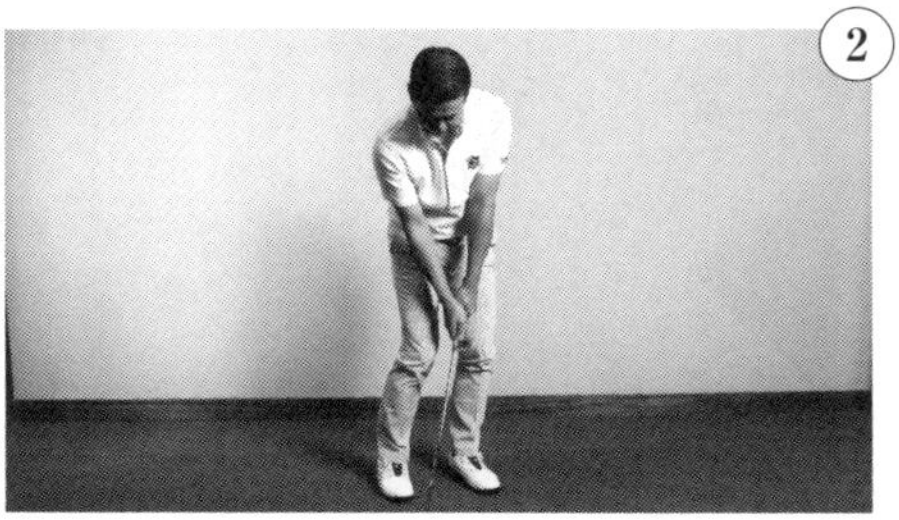

クラブの重さに引っ張られた結果、ハンドファーストにしている格好に見える。

クラブの勢いに引っ張られ、ひざを送っているように見える。しかし、これらを意識的に行うと、ほとんどの人がやり過ぎになってしまう。

「クォーター理論のランニングアプローチ」と「一般的なランニングアプローチ」のイメージの違い

ここまで「クォーター理論のランニングアプローチ」と「一般的なランニングアプローチ」を説明してきました。この二つのアプローチは打感や転がり方が違います。「クォーター理論のランニングアプローチ」が「カツン、ツッツッ、トロトロ……」という転がり方のイメージになるのに対し、「一般的なランニングアプローチ」は音のイメージでいえば、「ガツン、スー」というイメージです。

二つのランニングアプローチのイメージの違い

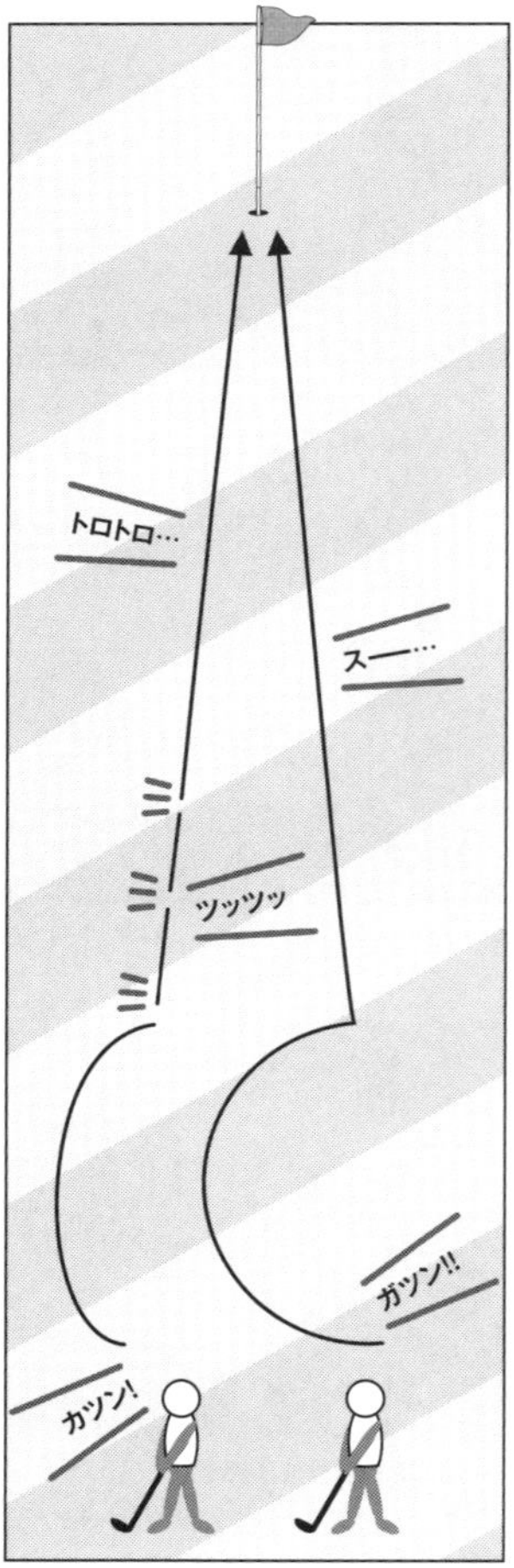

コラム②

なぜプロは14本中、11本しか契約しないのか？

ショートゲームで主役となるのは、パターとサンドウェッジとアプローチウェッジの3本です（※）。プロが使っている、この3本をよく見てください。他のクラブとは違うメーカーのものを使っていませんか？

プロはほとんどが契約しているメーカーのクラブを使っていますが、実はこの3本だけは自分に合うものを探して使っていることが多いのです。自分でお金を出してでも、より自分に適したものが欲しいんです。その理由はもうおわかりですね。ゴルフのスコアメイクは、スコアの60％を占めるショートゲームにかかっているからです。プロはショートゲームの重要性をよく知っているから、14本中11本しか契約せず、ショートゲームで使う3本は自分の好みに合わせて、よりシビアに選んでいるのです。

ドライバーで打つときは50ヤードくらいフェアウェイの幅があるので、10ヤード曲がったとしてもナイスショットです。でも、アプローチは10ヤード曲がればミスになるし、パッティングは1ミリずれただけでもカップに入りません。より繊細さが必要となる3本のクラブ選びに、プロは特に気を使っているのです。みなさんもドライバーばかりに気を使わず、もっとこの3本に注目してみるべきです。

また、ゴルフは球技ですから、クラブと同じくらいボールも大事です。でもアマチュアゴルファーで、プロと同じスピン系のボールを使う人はほとんどいません。なぜプロのボールをまねしないのでしょう。プロが使うスピン系のボールは硬いボールよりも飛びません。しかし、柔らかい分ヘッドへの食い付きがよく、球持ちがよくなります。またコントロールしやすくなり、距離も安定します。これはショートゲームで特に有利な特性です。それなのにアマチュアは硬くて飛ぶボールを使いたがります。それで飛んでいるならまだしも、そのボールで飛ばないのであれば、もはやボールを変えない手はないでしょう。

ボールが飛ばない理由を考えてみてください。女性などヘッドスピードが遅い人は、ボールのスピン量が少ないため高く上がらず飛ばないのです。柔らかくてスピン量が多いボールは、アプローチのときに高く上がってキャリーが伸びます。結果、飛ばないとされているボールが、飛ぶボールになるのです。なぜ、みなさんがそういう考えをしないのか、僕は不思議でなりません。

※プロによってはピッチングウェッジを入れている人もいます。

第3章

苦手な距離が得意に変わる「ショートアプローチ」の真実

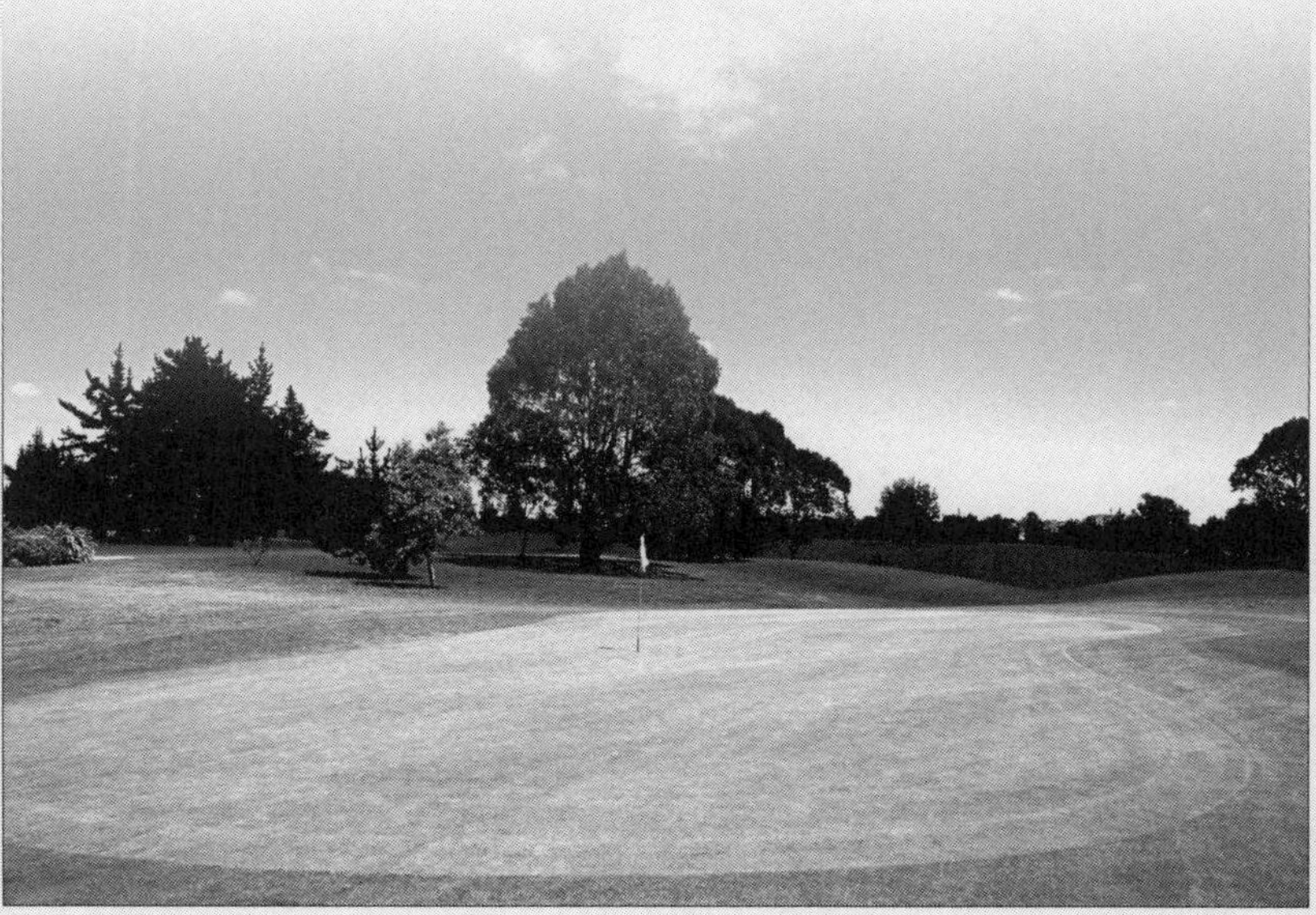

クォーター理論の根幹となる「S1」とは身体の前で行う下半円のスイング

第2章ではボールを転がして寄せるパットアプローチとランニングアプローチについて解説しましたが、これらは、比較的キャリーが少ない簡単なアプローチです。しかし、自分がコースに出たときを思い出してください。グリーンから20〜30ヤード離れた中途半端な距離が残ることが多くありませんか？　実は、スコアが90を切れない初〜中級者が最も苦手にするのがこの距離です。パットアプローチやランニングアプローチは、ストロークのときに下半身と頭を動かさず、手首を使わず、肩の動きだけでストロークするよう何度も言ってきましたが、それでは限界があり、この距離にはあまり適していません。別の打ち方に変える必要があるのです。そこで大切なのが、この章で最初に解説する「S1」のスイングです。

背骨を軸にして回転するクラブヘッドの軌跡をスイングプレーンと呼びます（113ページ写真[ハ]）。クォーター理論では、この円のうち身体の前で行う下半円でのスイングを「S1」、前でも後ろでもない中間のスイングを「S2」、身体の後ろ側となる上半円を使ったスイングを「S3」と呼んでいます（図9）。「S」とは「スイング（Swing）」の「S」です。この三つのスイングがクォーター理論の根幹であり、ここでようやく最初の「S1」が登場するのです。パターから始めた、これまでの解説はクォーター理論を実践するための基礎でした。

それでは、クォーター理論の入口であり、20ヤードまでのキャリーをコントロールできるようになる「S1」のアプローチを解説していきましょう。

スイングプレーン

クォーター理論の三つのスイング

図9

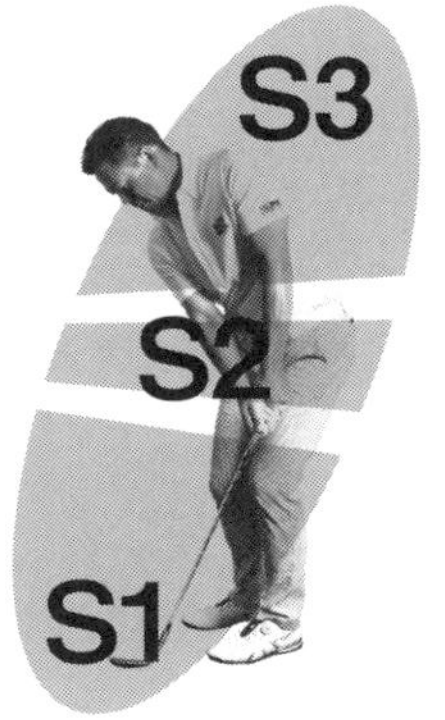

【S1の基礎】その1

正しいグリップ【G】

「S1」のグリップは、「クォーター理論のランニングアプローチ」のときと同じ手順で握ります。左ページの写真も参照しながら、もう一度おさらいしておきましょう。

①上半身を前傾させ、手を真下にぶらんと垂らす。脱力した状態であれば、手は少し内側を向いている。

②その姿勢のまま、左手の指の付け根部分にグリップを置く。

③そのまま左手の手の平でグリップを包むように握る。左手の親指と人差し指の間のしわが、ちょうど右肩の方に向くのが正しい形。

④右手の中指と薬指の付け根でクラブを支える。

⑤右手で左手の親指を包むように上から握る。右手の小指は左手の人差し指の上に置くか、左手の人差し指とからめるようにする。

⑥右手が左手の親指、人差し指としっかり密着してすき間ができないように握る。右手の親指と人差し指の間のしわは右の首すじあたりを向く。

正しいグリップ

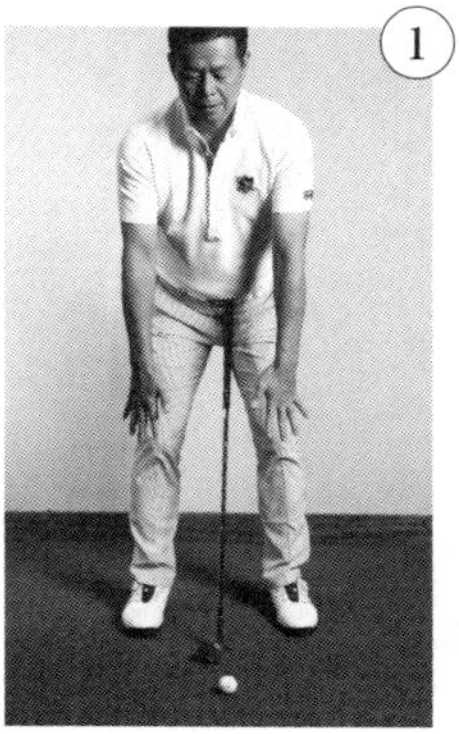

上半身を前傾させ、手を真下にぶらんとさせる。このとき、手は少し内側を向く。

その姿勢のまま、左手の指の付け根部分にグリップを置く。

左手の手の平でグリップを包むように握る。すると左手の親指と人差し指の間のしわが右肩の方に向く。

右手の中指と薬指の付け根でクラブを支える。

右手で左手の親指を包むように上から握る。このとき、右手の小指は左手の人差し指の上に置くか、左手の人差し指とからめる。

右手と、左手の親指と人差し指の間にすき間ができないよう握る。すると、右手の親指と人差し指の間のしわは右の首すじあたりを向く。

【S1の基礎】その2

正しいアドレス【A】

次に、「S1」の正しいアドレスを解説します。左ページの写真[ヒ]を見ながら、次の①~④の手順で行ってください。

①両足を一足(片足の幅)から一足半くらいの間隔に広げ、左に30度ほどオープンにして立ちます。

②このとき、体重は6対4の割合で左足にやや多めにかけます。

③ボールはプレーヤーの視界からは右足のつま先の前に見えますが、両足のかかとの真ん中に位置します(122ページ参照)。

④グリップエンドが左足の付け根を指す形となり、ややハンドファーストになります。

これで「S1」のアドレスは完成ですが、そのときに注意しなくてはいけないポイントが二つあります。

その一つ目は手首に正しい角度を作ることです。正しい角度とは、アドレス時にクラブヘッドを接地させた状態で、手首にできる角度です(119ページ写真[フ])。ス

正しいアドレス

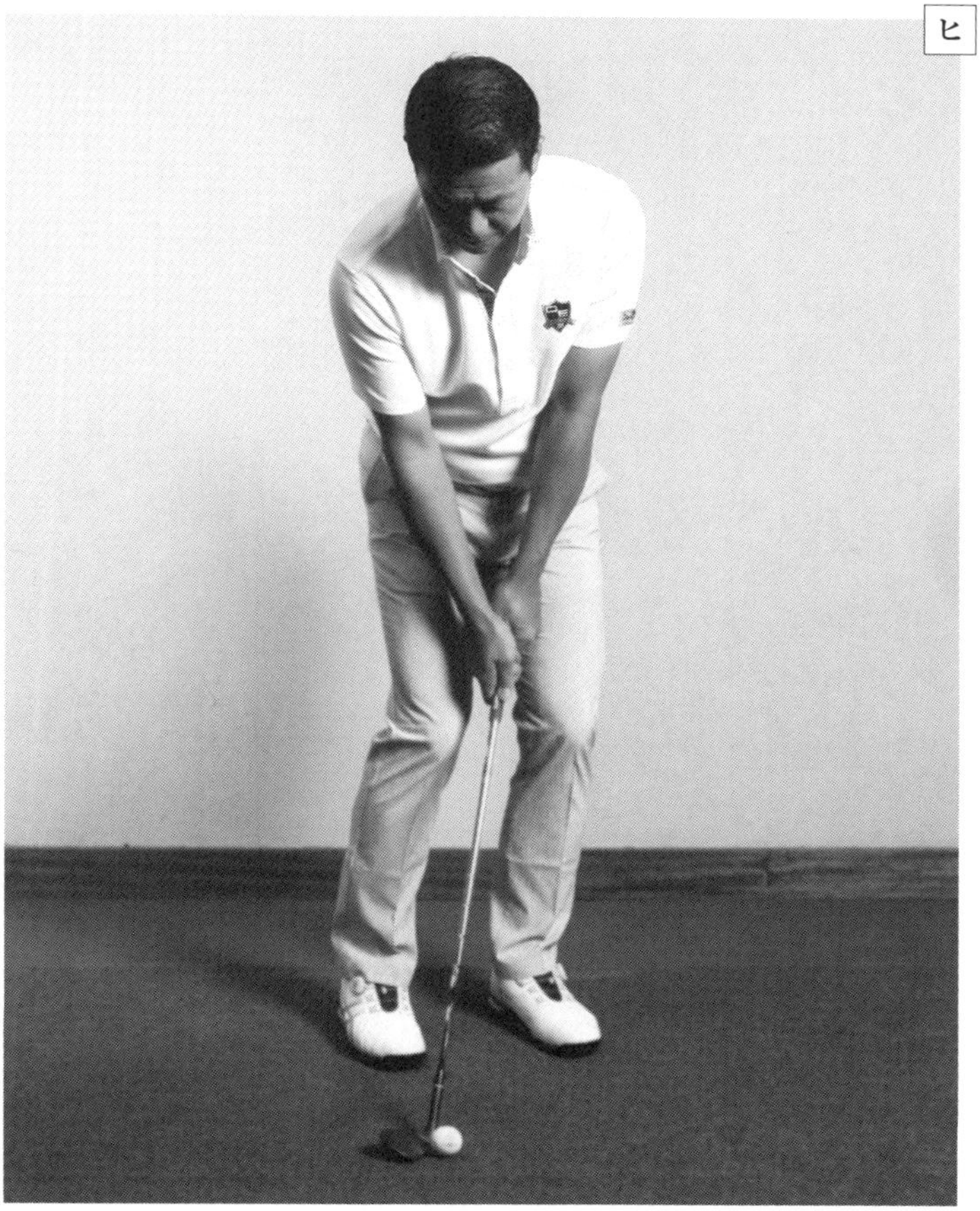

①両足を一足（片足の幅）から一足半くらいの間隔に広げ、左に30度ほどオープンにして立つ。
②このとき、体重は6対4の割合で左足にやや多めにかける。
③ボールはプレーヤーの視界からは右足のつま先の前に見えるが、両足のかかとの真ん中に位置する（122ページ参照）。
④グリップエンドが左足の付け根を指す形となり、ややハンドファーストになる。

イング中にこの手首の角度がほどけない（崩れない）ようにしましょう。

二つ目のポイントは、フェイスが向いている方向の調整です。

120ページ写真①～③の通り、それぞれの打ち方によって、構えたときのフェイスが向く方向が違います。パットアプローチではヒール側を浮かせるので、フェイスが右を向きました。そこで、フェイスを左に閉じフェイスがまっすぐ向くよう調整しました（77ページ参照）。ランニングアプローチではソール全面をぴったり接地させるので、フェイスはまっすぐ向けました（96ページ参照）。そのため特にフェイス面の調整は行いません。「S1」では、これまでよりボールから離れて立つので、トゥ側が浮きます。リーディングエッジを目標に直角に構えると、フェイスは正面を向いているように見えても、芯は左を向いています（121ページ写真ヘ）。そこで、フェイス面を右に開いて打つ方向にまっすぐに向けます（121ページ写真ホ）。この作業を忘れてしまうと、ボールは正しい方向に飛びません。

打ち方による、フェイス面の調整を忘れないようにしましょう。

正しい手首の角度

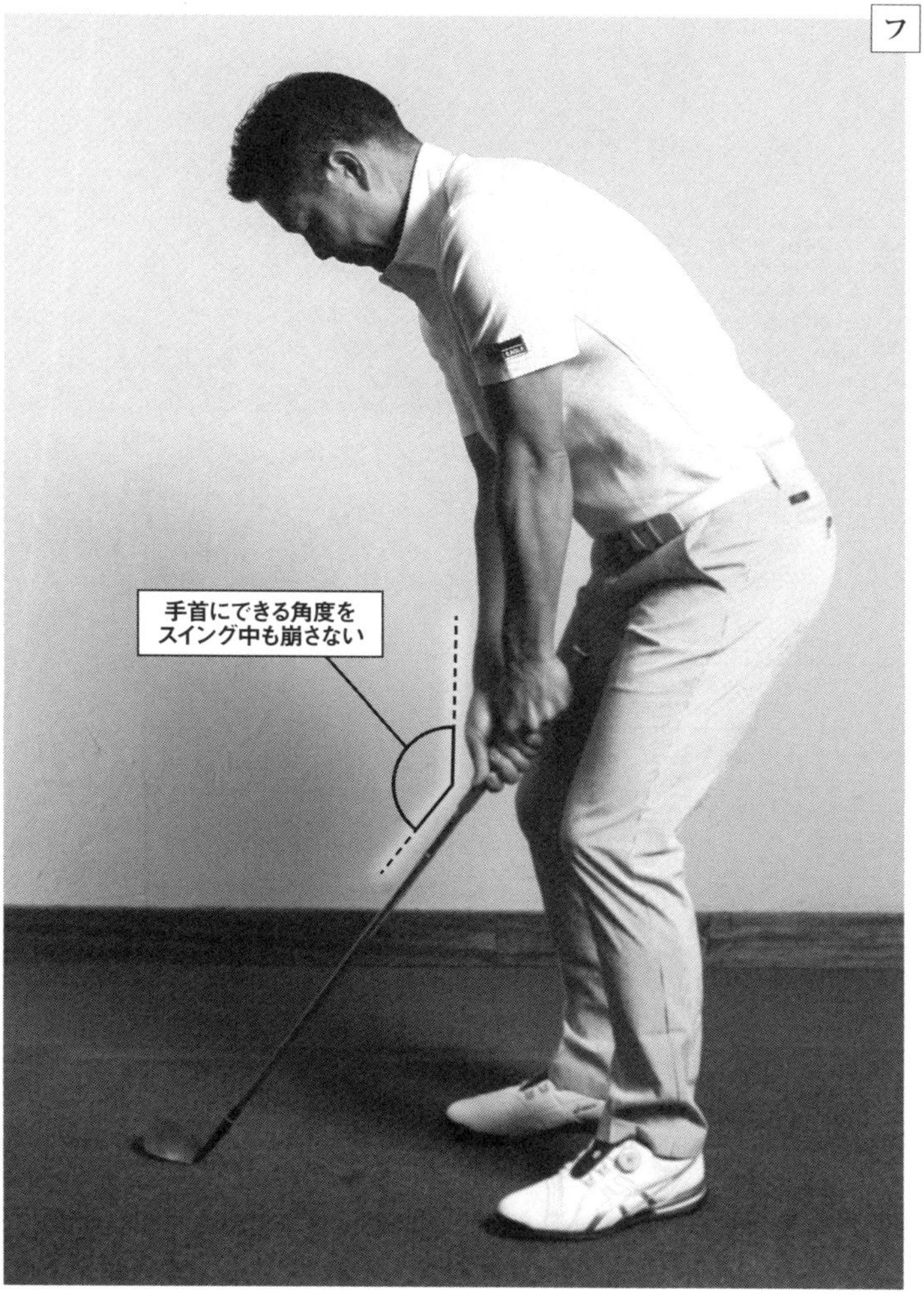
フ
手首にできる角度を
スイング中も崩さない

3種類のアプローチの比較

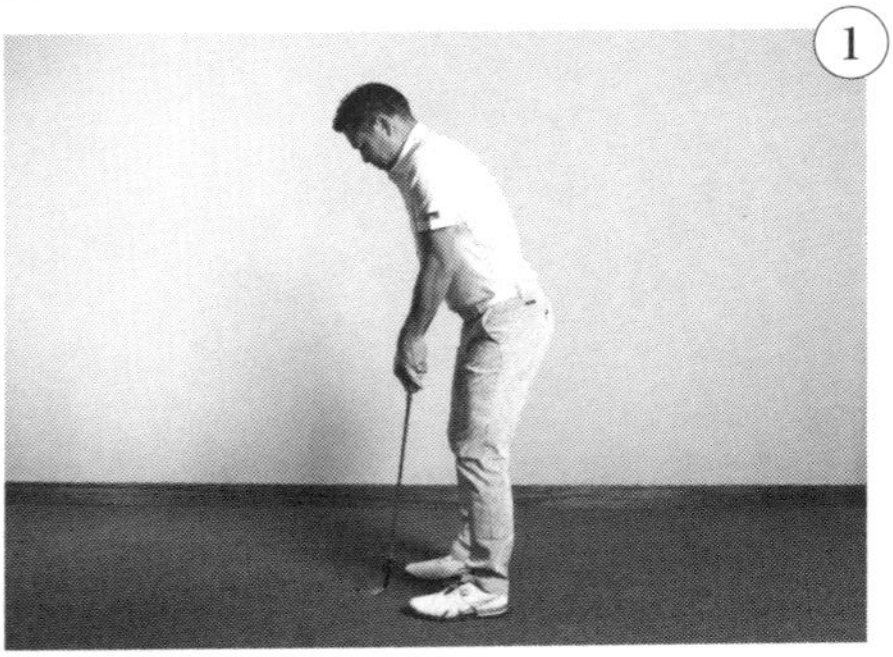

パットアプローチ

ボールの一番近くに立つアプローチ。ヒール側を浮かせるので、フェイス面が右に開く。打つ前にはフェイスを左に向ける（閉じる）調整が必要。

クォーター理論のランニングアプローチ

パットアプローチよりも離れた位置に立つアプローチ。ソール全面をぴったり接地させるので、フェイスはまっすぐに向ける。

S1のアプローチ

上の二つよりもボールから離れた位置に立つアプローチ。トゥ側が浮くので、芯が左に向く。打つ前にはフェイスを右に向ける（開く）調整が必要。

左に向いたフェイスの芯をまっすぐに向ける

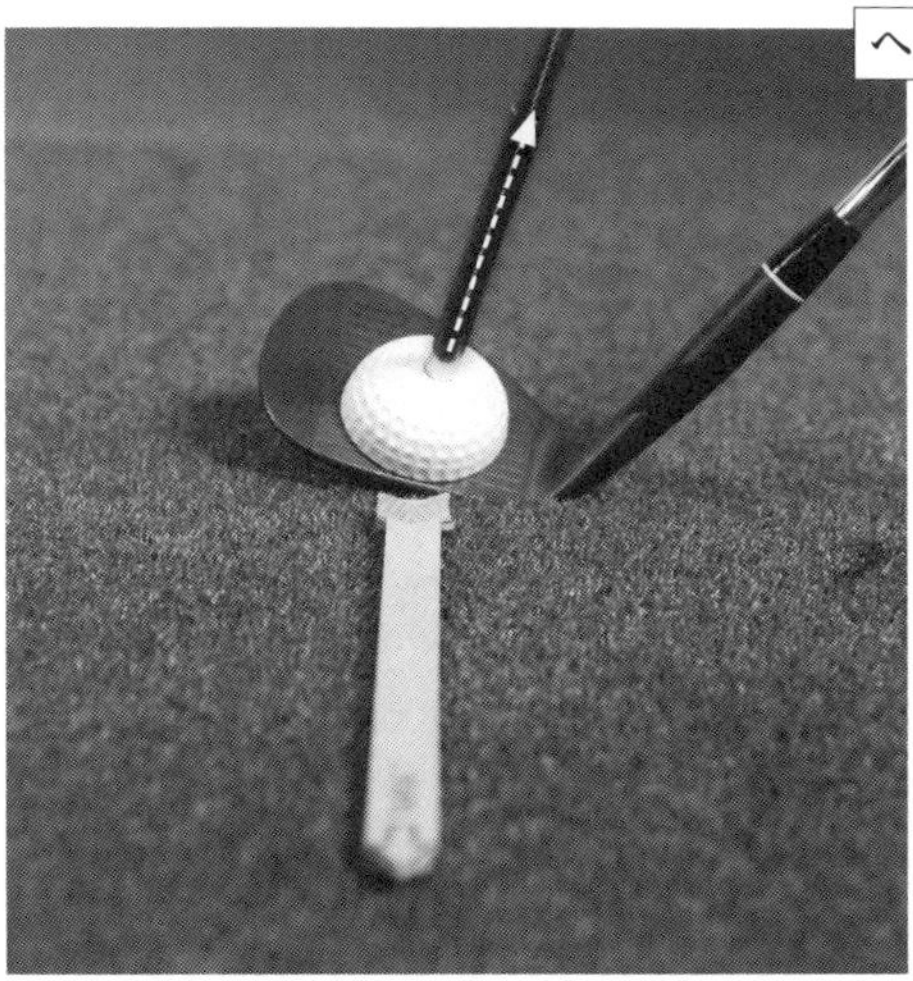

ヘ

トゥ側を浮かせ、リーディングエッジを目標にまっすぐ構えると、フェイス面はまっすぐに見えても、フェイスの芯は左を向いている。

ホ

リーディングエッジを右に向けるようにフェイス面を開くと、フェイスの芯がボールを飛ばす方向にまっすぐ向く。

【S1の基礎】その3

正しい（ボール）ポジション［P］

「S1」のアプローチではボールを身体の中心に置きます。117ページの写真ヒでは、ボールの位置が右寄りに見えます。しかし、このとき、ボールは両足のかかとの間の位置にあります。つま先を開いて立っているだけなので、かかとを基点に足を戻せば、実際は身体の中心の位置にボールは置かれているのです（写真マ＆ミ）。

ボールはかかととかかとの間

マ

ボールは両足のかかとの間にある。つま先をボールの方に向けて戻すと、身体の中心の位置にボールがあることがわかる。

ミ

【S1の基礎】その4

正しいストローク

ここからは、「S1」のストロークを解説します。124ページの写真①〜②を見ながら、確認してください。アドレスとポジションは変化しましたが、ストロークについては、これまでのアプローチと同じように、顔と下半身は動かさず、手首を使わず、上半身だけを動かしてクラブを振ります。ただし、このとき左右の足にかける体重のバランスは今までとは少し違い、左6に対して右4の感覚で行います。左足寄りに体重をかけ、身体の左下に向けてスイングするイメージを持ちましょう。まずは振り幅の小さい7時〜5時の素振りから練習します。7時〜5時の振りに慣れてきたら、8時〜4時、9時〜3時と振り幅を大きくしていきます（125ページ写真①〜③）。このとき、ロングパットの項目（44〜47ページ参照）で解説したように、スイングの振り幅が大きくなれば、それだけ時間をかけて行わなければなりません。特にダウンスイングを急がないよう、「右側でゆっくり」を心がけましょう。また、インパクトの位置である地点を意識しすぎず、「インパクトは通過点」と思って振りましょう。

正しいストローク

顔と下半身は動かさず、手首を使わず、上半身だけでボディーターンする。両足にかける体重は左足6:右足4となるイメージ。

手首の角度を変えずに上半身のボディーターンだけで、クラブは左下に向けて振るイメージ。シャフトと腕の角度を崩さないようにスイングする。

素振りで振り幅の感覚をつかむ

①

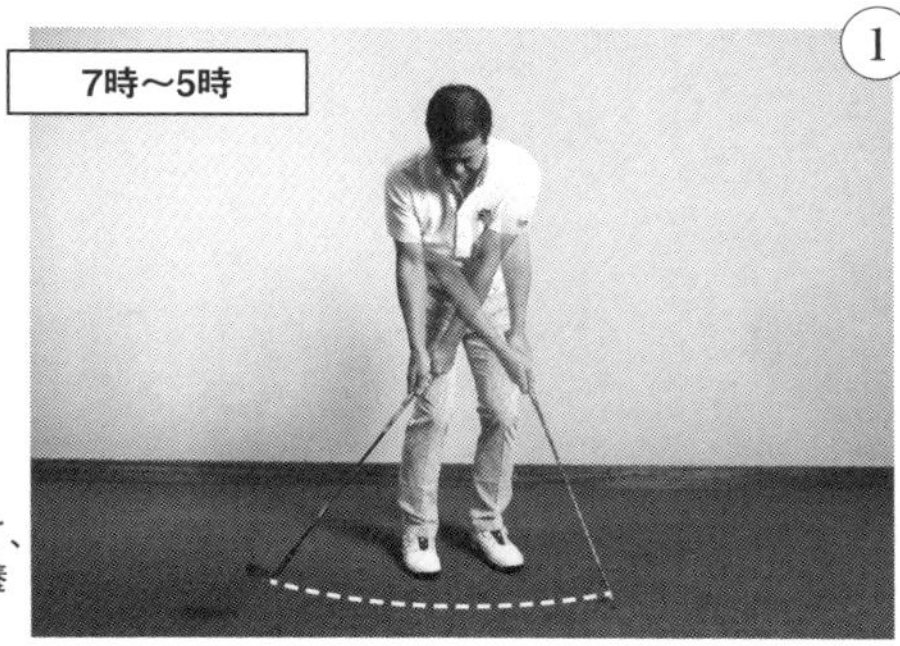

まずは小さな振り幅から練習して、上半身だけのスイングの感覚を養う。

②

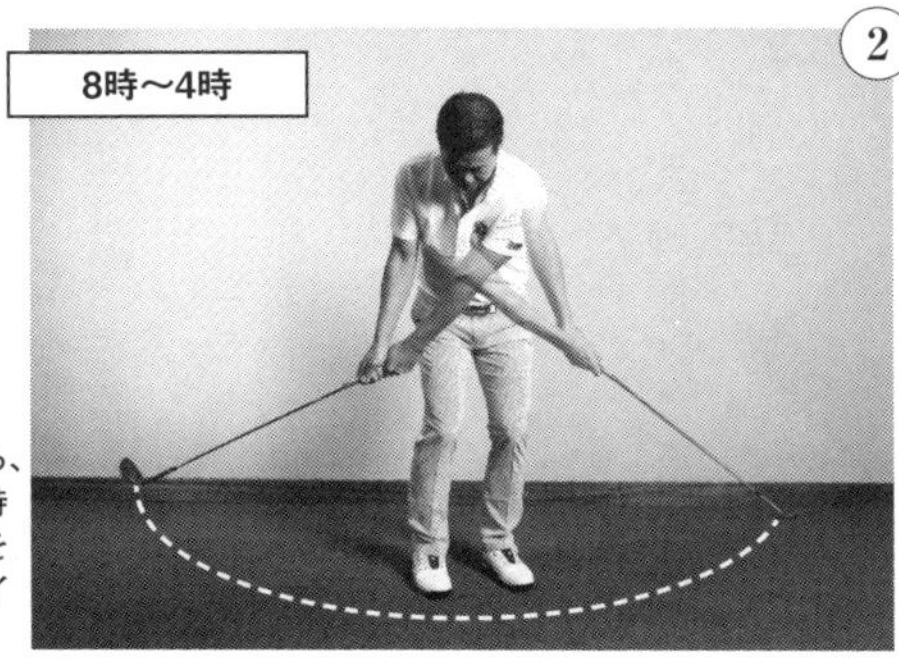

7時〜5時の振り幅に慣れてきたら、少し大きな振り幅にして、8時〜4時の振り幅を練習する。振りに強弱をつけず、「インパクトは通過点」のイメージで。

③

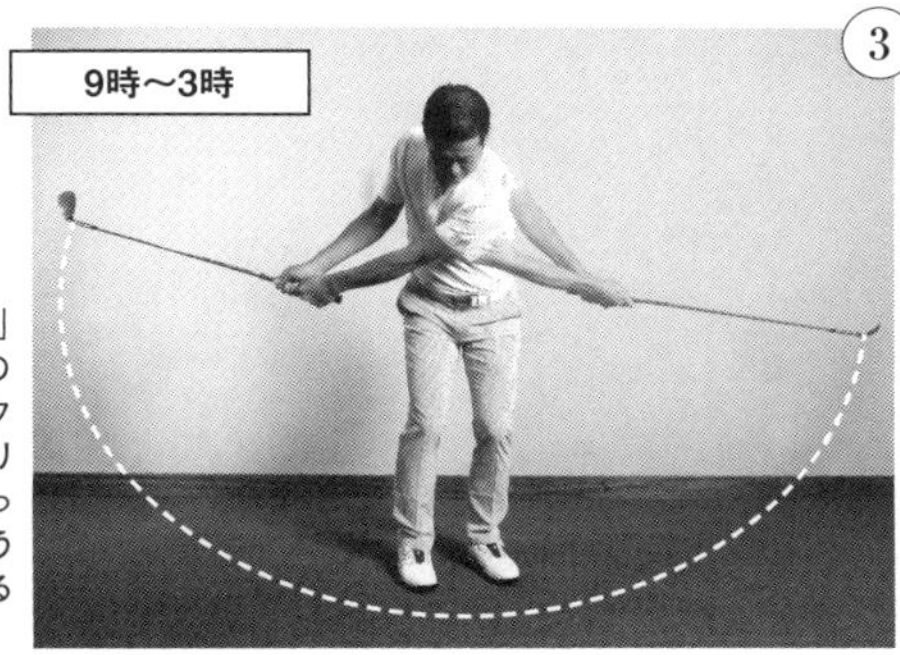

上の二つの振り幅に慣れたら、「S1」の最大の振り幅となる、9時〜3時の振り幅にしてみる。テイクバックで、クラブヘッドに勢いがついて9時より多少、上の位置まで上がってしまっても問題ない。逆にフォローを出そうとして無理に3時の位置まで上げる必要はない。

【S1の練習】その1

まずは、あえて左下に打つ練習から始める

それでは、実際にボールを打って「S1」を練習しましょう。ただし、いきなり「S1」の完成形を目指すのは難しいため、最初は身体の左下へボールを打ち出す練習から始めます。まずリーディングエッジを目標に対してまっすぐに置いて構えます。すると、自然にトゥ側が浮いてフェイスは目標より左を向きます（127ページ写真[ム]）。そのままの状態で体重を左足6、右足4の割合でかけると、身体が左下に向くような感覚になります。その姿勢からクラブを上げて下ろしますが、このとき、手首の角度をキープすることを忘れないようにしてください。この角度がほどけてしまうと、アプローチで必ずミスをします。この角度がほどけないよう「キープして上げて、キープして下ろす」意識を持ちましょう。そうするとボールを左下に打つようなイメージになります。ここではあえてフェイスの向きを調整せずに、実際にボールを打ってみましょう。するとボールは芯に当たって低く左に転がっていきます（127ページ写真[メ]）。これが「S1」のアプローチの準備となります。

左下に打つ練習をする

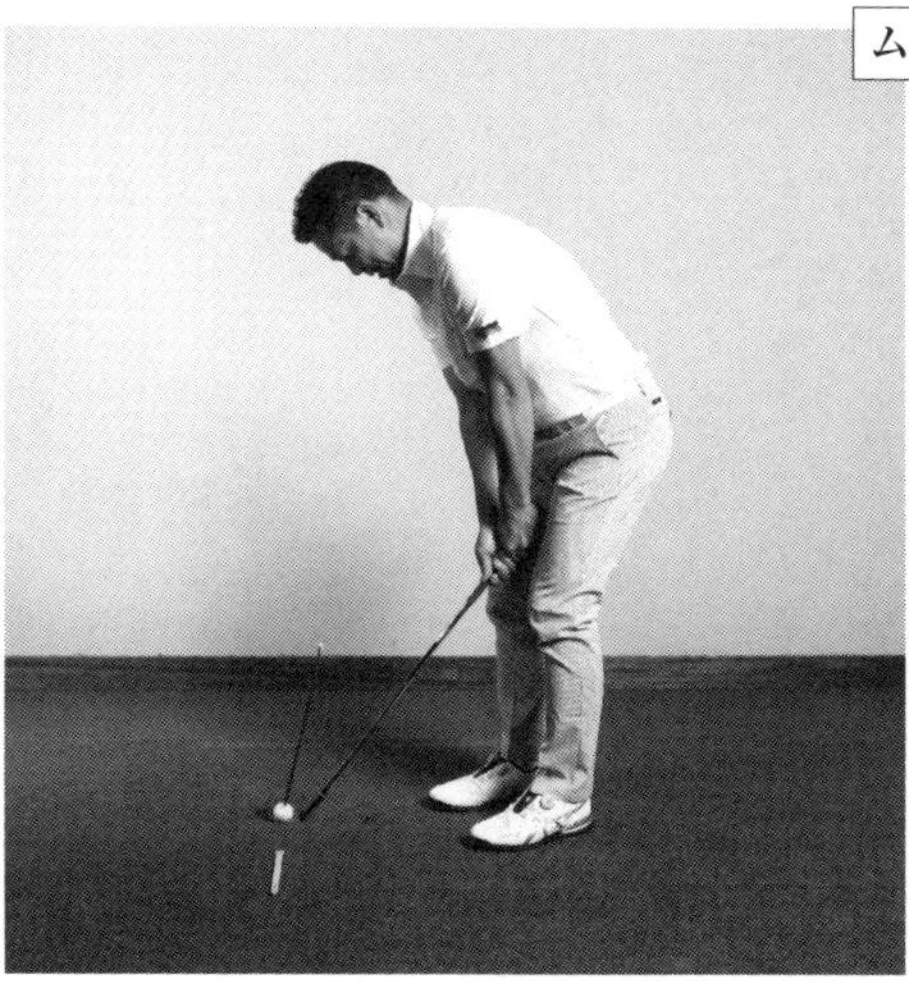

「S1」のスタンスでリーディングエッジを目標にまっすぐ構えると、フェイス面は左の方を向く。

手首の角度をキープしたままクラブを上げ、左下に打つようなイメージでクラブを下ろす。すると、実際にボールは左に低く飛んでいく。

【S1の練習】その2

フェイスを右に向けて振れば「S1」が完成する

左下へ打つ練習を何度も行い、その形を身体が覚えたら、次に「S1」の完成形を練習します。先ほどと同じくリーディングエッジを目標に対してまっすぐに置いて構えます。すると、自然にトゥ側が浮いてフェイスは目標より左を向きます。そこで、フェイス面を少し開いて右に向けます（129ページ写真モ）。その状態で体重を左足6、右足4の割合でかけ、123～125ページで練習した振り方でボールを打ってみてください。すると、ボールはまっすぐ飛んでいきます（129ページ写真ヤ）。これが「S1」の打ち方です。このとき、フェイスは右、スタンスは左、スイングは左下で、一つも目標に対してまっすぐなものがありません。しかし、それらの要素が組み合わさった結果、ボールはまっすぐ飛んでいくのです。いきなり「フェイスを右に開いて左に向けて振れ」と言われても、頭の中のイメージと身体の動きが一致せず、なかなかうまくいきません。そこで、「S1」を作るための準備として、まずは左下にボールを打つ練習をしてもらったのです。

フェイスを右に向けて完成

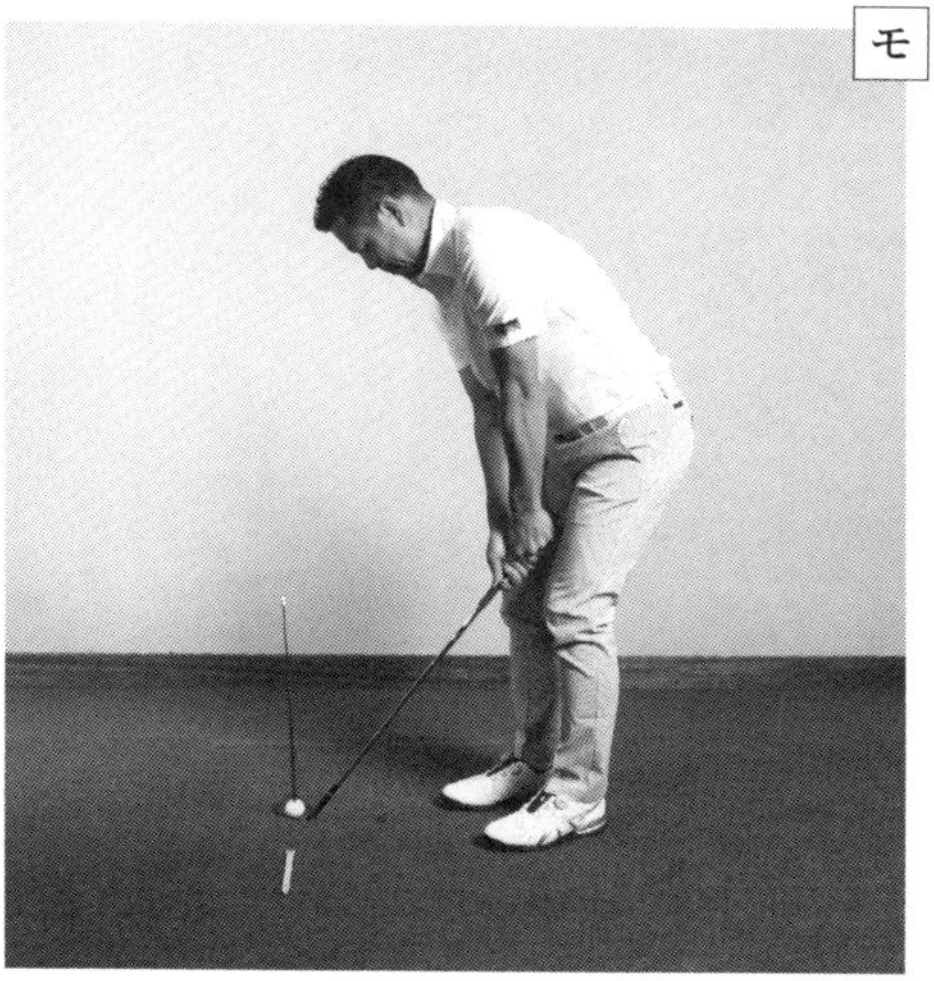

トゥ側が浮いてフェイスの芯が左に向くので、フェイスを開くように右に向ける。

手首の角度をキープしたままクラブを上げ、左下に打つようなイメージでクラブを下ろす。すると、ボールはまっすぐに飛んでいく。

2段階の練習によって、右に開いたフェイスでボールをまっすぐに打ち出すことができるようになります。実は、そうすることで、フェイスにある溝を十分に生かせるようにもなるのです。フェイスには写真ユのように溝が入っています。フェイスを右に向けて左へ打ち出すと、ボールとフェイスが斜めに接する形となり、この溝の効果を斜めに長く与えられます。そうするとギア効果が高まってスピン量が増え、ボールが上がりやすいうえに、バックスピンで止まりやすくなります。

フェイスの溝を長く使う

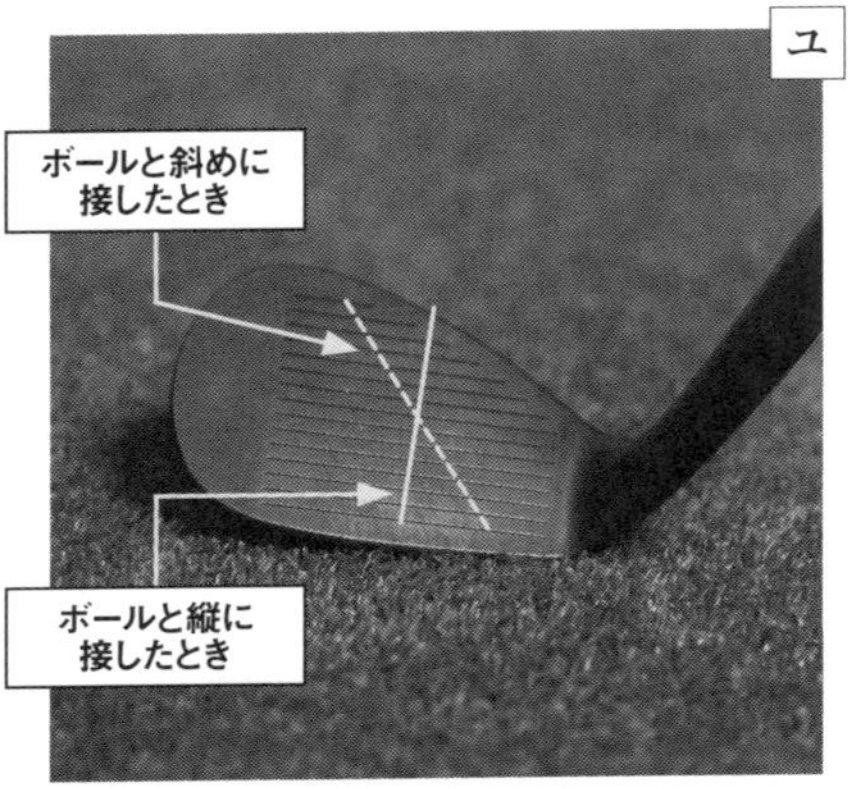

126〜127ページの練習では、ボールとフェイス面は縦に接する。すると、ギア効果が少ないのでボールは低くしか飛ばない。128〜129ページの「S1」の完成形では、ボールとフェイス面の溝が斜めに接していき、ギア効果が大きくなる。すると、ボールがより高く飛ぶ。

【S1の練習】その3
練習道具を使った、しなり戻りを待つ練習

「S1」で必要な技術を効率的に身に付けるために僕が開発したのが、「S1マスター」という練習器具です。「S1マスター」は重くて柔らかいシャフトであるうえに、バンス（接地したソールと地面の間にできる角度）が小さくなっています。自分で練習しても「S1」がうまくできないのは、ほとんどがダウンで打ち急いでいる人です。ボールに芯を当てようとするため、テイクバックからダウンスイングの過程で一旦、しなったシャフトが戻りきらず、リーディングエッジを手前に打ち込む形になります。その結果、ザックリしたり右に行くのです。こういう人には結果が見えなくてはいけません。そこで、僕のスクールでは、この重くて柔らかいシャフトを使い、いかにシャフトのしなり戻りを待つことが大事かが結果で見えるように指導しています。「S1マスター」では、手元より遠くにあるために遅れて来るヘッドの戻りを待たないと、ボールにヘッドがうまく当たりません。しなり戻りを待つとソールが先に滑り、ボールがフェイスに乗って柔らかいスピンが利いた球が打てます。ダウンスイングで、意

識しなくても身体がしなり戻りを待てるようになるんです。だから、普通の練習の10倍速く身体が感覚を覚えてくれます。「S1マスター」で20球ほど練習をした後、自分のクラブを持つと無意識にヘッドを待とうとするので、プロのようなアプローチができるようになります。練習によって腕に感覚が残っている、つまり「感覚」という貯金が貯まっている状態だからです。しかし、残念なことに貯金は減るものです。貯めておいても何回か使ったらなくなるので、また「S1マスター」で練習して感覚を貯めないといけません。

「S1マスター」での練習

「S1マスター」は重くて柔らかいシャフトのクラブ。身体が自然に反応しやすいので、シャフトのしなり戻りを待って打つ感覚が早く身に付く。

【S1のポイント】その1

手首の甲側にコックせず、三角形の面で打つ感覚を身に付ける

「S1」のスイングで重要なポイントとして、手首の角度をほどかないように述べました（116〜125ページ参照）。アプローチがうまい人は必ずこの角度をほどかないよう意識しています。だから、見た目もきれいなんです。下手な人はそれを知らないため、意識せず角度を崩してしまいます。

中には「9時にコックしろ」と教わり、手首を甲側に反らすように曲げてヘッドを上げる人がいます（135ページ写真ヨ）。これは大きな間違いです。こうして手首を曲げることは、英語でコックとは言いません。コックとはクラブを持った腕でヘッドを持ち上げることを指すんです。アドレスのとき、すでに正しくコックした状態になっているので、それ以上無理に手首を使う必要はありません。他の本に書いてあるように「コックしてボディーターンでハンドファースト」したら、ヘッドが振れるわけがないんです。それではアプローチでザックリかシャンクし、うまく当たってもロフトが立っているので、強い球になってしまい、止まりません。

もう一つ意識してもらいたいのが、「クラブヘッド、手、胸の三点セットは前の半円まではボディーターンで一緒に動く」ということです。「S1」のスイングをするとき、ヘッド、手、胸の三点を結ぶと三角形の面ができます（135ページ写真ラ）。こうしてできた三角形の「面で打つ」ことを意識してもらいたいんです。

野球のバットは1本の棒状に芯があるため、グリップエンドを引っ張って振っても芯に当たることがあります。そのときはライト前にボールが飛んでヒットになります。しかし、ゴルフクラブはシャフトの先からL字に曲がったヘッド部分に芯があるので、芯に当てるのがとても難しいのです。その関係を保ったままスイングするには面で打つ意識が大切になります。みなさんはゴルフクラブを振るとき、棒を振る意識が強くありませんか？　ゴルフクラブにはL字があるので、ヘッド、手、胸の三点を結ぶ面で打たないと、きちんと芯には当たりません。

三点を結んだ面で打てば、インパクトの6時以降はヘッドが先に出ているはずです。「手首を使わずボディーターン」でスイングすれば、絶対にそうなるからです。それなのに、なんで「下を向いたらコックしてハンドファースト」と書いてある本が多いのでしょうか。それではボールに正しい力が加わるはずがありません。

「9時にコック」は間違い

手首を回してヘッドを90度上げた状態。これを「コック」と呼ぶのは間違い。

面で打つことを意識する

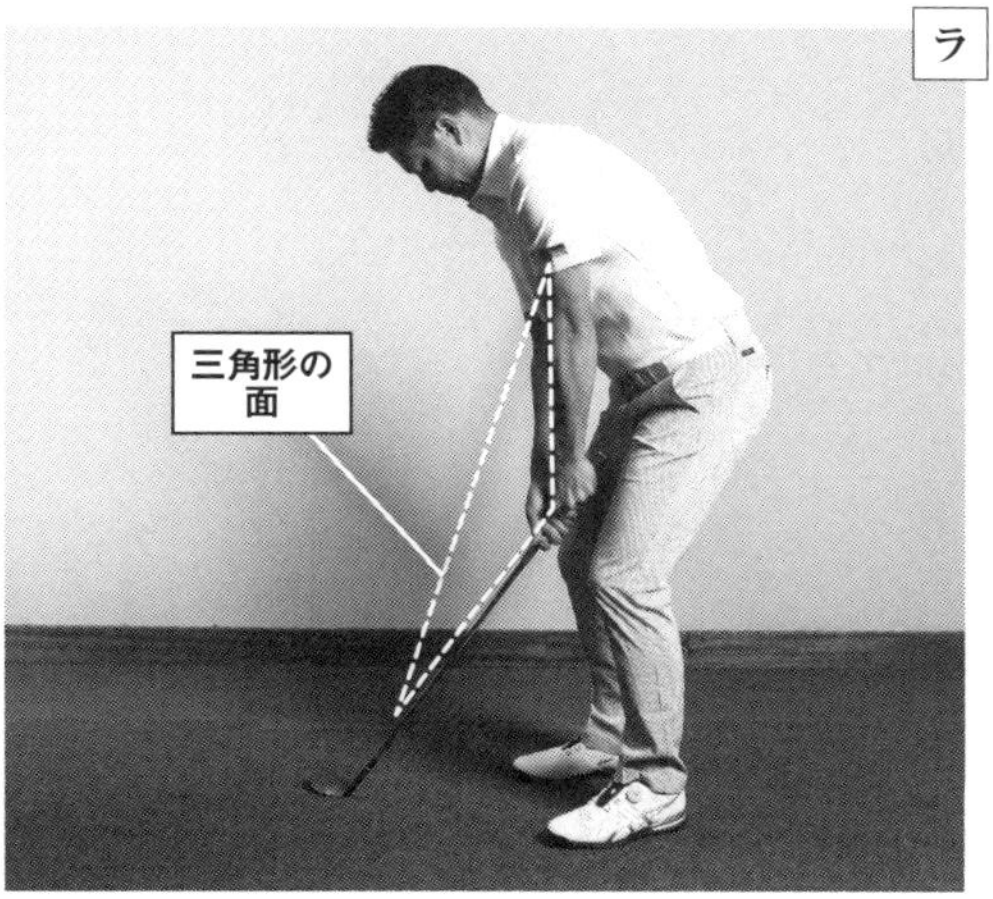

ヘッド、手、胸を結ぶと三角形の面ができる。野球のバットのように棒を振って打つ感覚ではなく、三角形の面でボールを打つ意識が大事。

【S1のポイント】その2

目玉焼きの白身ごと削ぐ感覚で「ダフれ！」

芝が逆目のときやザックリが怖いときは、接地面が少なくヘッドの抜けが良いパットアプローチが便利です。ランニングアプローチは芝の状況が良いとき、ソールを手前から滑らせて打ちます。「S1」は、それよりもボールを上げたいときや上げた後に止めたい場合に使います。ただし、このとき、ボールのどこを狙って打つかがポイントです。雨が降った後や冬の芝でペタッと芝生が寝ているとき、ボールだけを狙って打つのはとても難しいです。言ってみれば、「目玉焼きの黄身だけを削げ」と言われているようなものです。しかし、「S1」のストロークは難しく考えず、「目玉焼きの白身ごと全部削ぐ」イメージで打って構いません。ランニングアプローチの「ほうきで掃くように」と同じです（97〜99ページ参照）。ボールがある一帯をスポッとそのまま打つ感じ、つまり「ダフれ！」です。「ダフる」イメージでソールを滑らせた方が、正しくボールにインパクトできます（137ページ写真リ&ル）。「ダフれ！」も非常識なアドバイスに聞こえるかもしれませんが、常識を疑う必要もあるのです。

「ダフる」ことでボールの芯に当たる

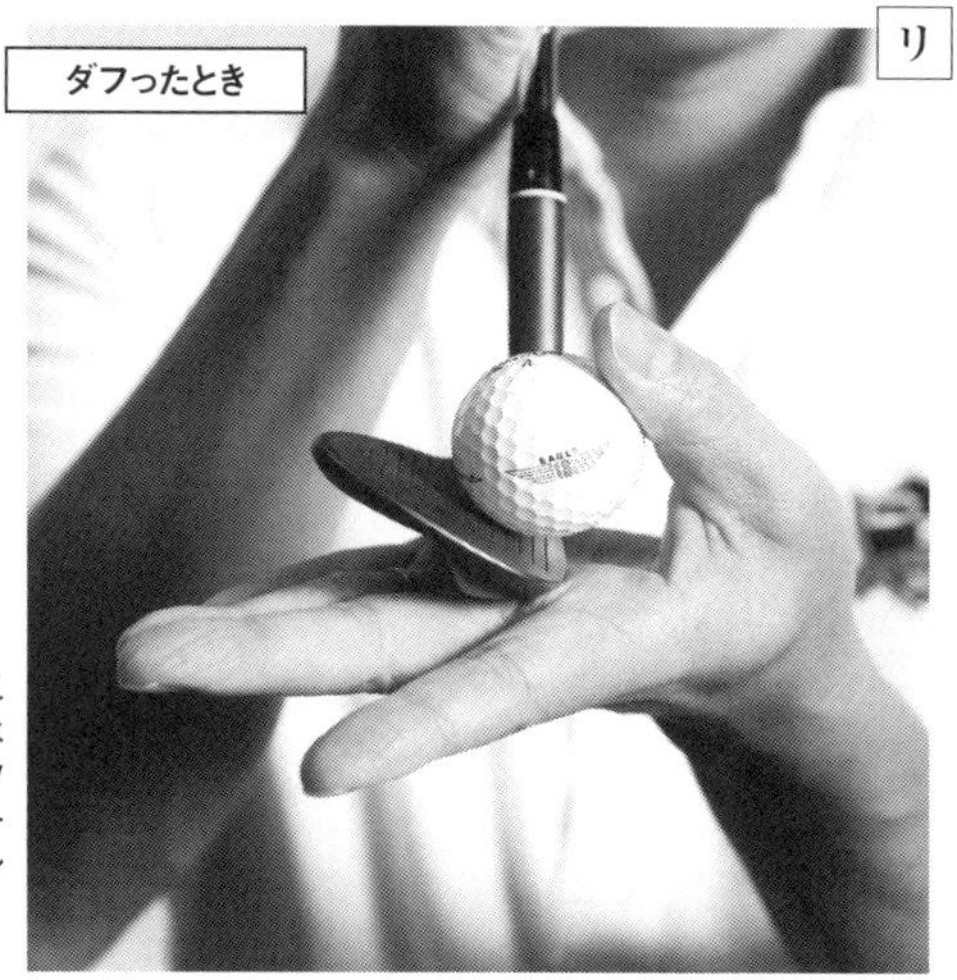

バンスを手前に着地させるからこそ、結果、クラブの芯にボールは当たる。つまり「ダフる」ことで、ソールが滑ってボールの下にリーディングエッジが入り、正しいインパクトになる。

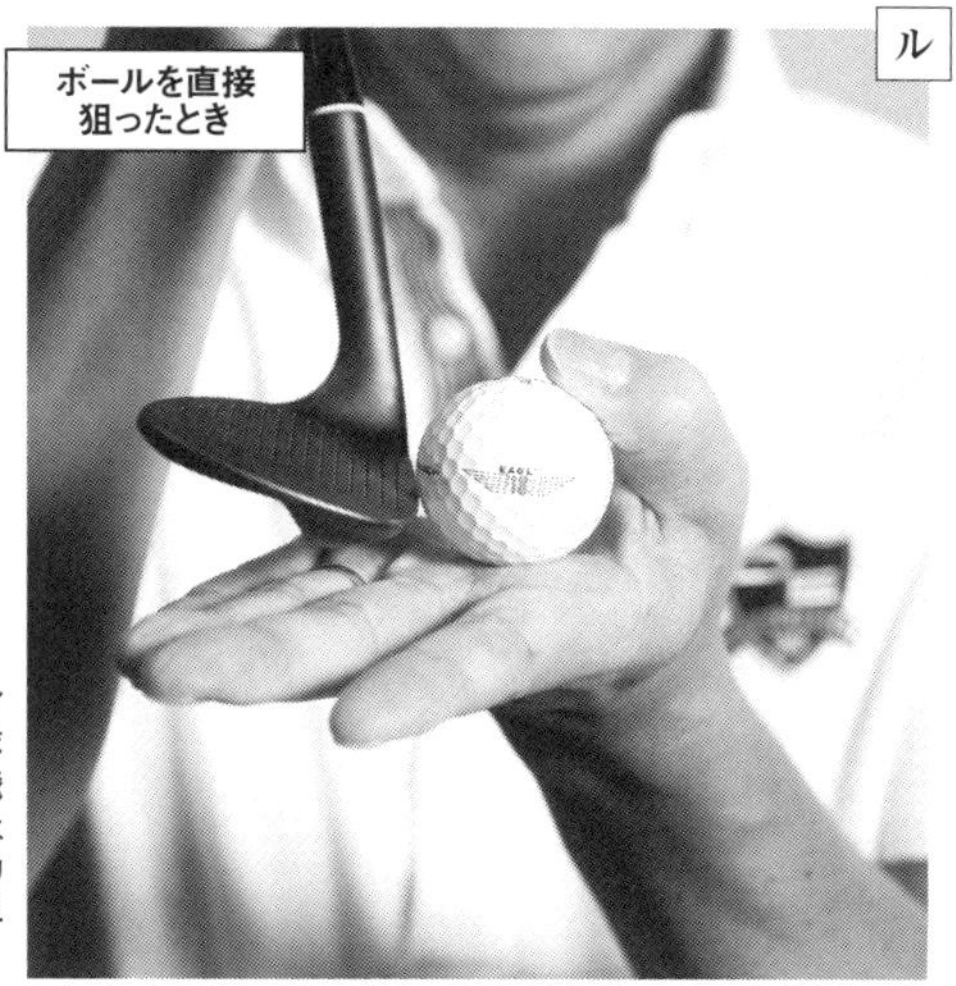

ボールを直接狙うと、リーディングエッジがボールに当たってしまう。この状態でボールが正しく飛ぶはずがない。これを防ぐには「ダフれ!」という意識を持って、リーディングエッジをボールより手前に着地させることが必要。

「S1」の最大の振り幅でも届かない距離は、下半身の動きをプラスした「S2」に切り替える

「S1」は背骨を軸に上半身の回転だけで行うストロークです。そのため、振り幅の最大値は9時〜3時です。その振り幅で打ったとき、男性ならサンドウェッジでのキャリーは15〜20ヤード程度が限界となります（クラブやロフトを変えたり、ランを加えると、もっと長いアプローチも可能）。それではキャリーで30ヤード先に落としたいときには、どうすればいいでしょう。ここで多くの方は「S1」の振り幅をもっと大きくしようと思うでしょう。

しかし、バックスイングで9時以上の高さにクラブヘッドが上がると、「S1」で解説した動きだけでは対応し切れません。クラブヘッドを無理に高く上げると、身体の軸が崩れて必ずミスショットになります。また、そのままのボディーターンでフルスイングをやろうとすると、ひじを抜く動きが必要になり、いわゆる「おじさんスイング」になってしまいます。「S1」は112〜113ページで解説したように、あくまでスイングプレーンの下の半円を描くスイングなのです。

そこで、30ヤード前後のキャリーが必要なときは、もう一つ違う動きをプラスします。これが「S2」のアプローチです。「S2」で加えるもう一つの動きとは、足の動きです。テイクバックで9時の高さまでクラブヘッドが上がったら、頭や胸や手（上半身）を動かさず、足（下半身）の動きで身体を戻していきます。背中（背骨）を軸とした上半身の回転でクラブヘッドを上げ（145ページ写真②）、足を使った下半身の回転でクラブヘッドを戻すので（144ページ写真③）、このとき頭の中で「背中➡足」と意識しましょう。このクラブの動きは、時計の盤面で考えるとテイクバックが「6時➡9時」、ダウンスイングが「9時➡6時」となります。つまりクォーター（4分の1）の動きです。ここにゴルフをプレーする際に重要なポイントがいくつも隠されています。「クォーター理論」とは、そのポイントを解き明かしていった考えのこと。つまり、「S2」から先を学んでこそ「クォーター理論」の真髄に触れることになるのです。

それでは、「クォーター理論」で最も重要な動きとなる「S2」のアプローチについて、より詳しく解説していきましょう。

【S2の基礎】その1

正しいGAP3【グリップ・アドレス・(ボール)ポジション】

それでは、「S2」のときの正しい「GAP3」を解説していきます。「S2」は「S1」を基本にして、そこに追加の動きを加えたアプローチです。そのため、「GAP3」は「S1」とほぼ同じ形となります。

ますグリップですが、これは「S1」とまったく同じ握り方となります。114～115ページを参照して、正しいグリップでクラブを握りましょう。

アドレスも「S1」と同じ要領です（116～121ページ参照）。ただし、両足の開きは「S1」よりも少し広めにしておきます。また、フェイス面を右に開いて、芯を目標にまっすぐ向けることも忘れないようにしましょう（121ページ写真[ヘ]&[ホ]参照）。

「S2」のときの（ボール）ポジションも、「S1」のときと同じく、かかととかかとの間です。自分の視点からはやや右側に見えますが、かかとを基点にすると、実際は身体の中心の位置にボールがきます。

正しいGAP3

【S2の基礎】その2

正しいストローク

ここからは、「S1」に新しい要素を加えた「S2」のストロークを解説していきます。144〜145ページの写真①〜④を見ながら、確認していってください。

①クラブを握ってアドレスする。このとき、116〜121ページで解説したように、フェイスを右に向けるのを忘れない。

②頭と下半身は動かさず、手首を使わず、上半身のボディーターンだけで右に90度回転する。背骨を軸にするため、頭の中で「背中」を意識する。

③頭と上半身は動かさず、手首を使わず、下半身だけを左に90度回転させる。ここでは「足」を意識する。

④ストロークは、ボールから5センチ手前の「ダフる」ところのインパクトでやめるイメージです。自分でフォローを出そうとすると「おじさんスイング」になります。身体の右側（インパクトまで）の動きでは「背中➡足」というイメージを強く持ちましょう。そうすれば、余計な部位が動きません。「背中➡足」の順番がポイントです。

また、インパクトのときは肩と胸の角度に気を付けてください。アドレス通りに上半身が戻っているのが、正しい角度です。ダウンスイングのとき、下半身だけではなく胸もボールの方へ戻そうとすると、インパクトのときにボールがある位置より前に胸が向きます。これでは身体のねじりの効果が生かせず、ボールが飛びません。そのうえ、胸が開くと手の動きも変化して、フェイスの向きも変わるので、飛ぶ方向もずれてしまいます。「S2」のストロークは以上のような流れで行いますが、これはすべて正確な「身体の軸回転」という要素が入っています。これはゴルフのスイングにおいて最も大切な要素です。正しい「身体の軸回転」ができていないと、「S2」よりも振り幅が大きくなるフルスイングでは、ずれも大きくなってしまいます。「S2」を学んだ時点で、上半身と下半身の二つの軸による回転の原理をきちんと身に付けておかなくてはなりません。

それを理解するためには、大きく分けて三つのポイントがあります。一つ目は「下半身の始動」、二つ目は「正しいインパクトの形」、三つ目は「捻転差の利用」です。この三つのうちのどれか一つでも欠けていると、正しい「身体の軸回転」は実践できません。そこで、ここからは、この三つのポイントを詳しく解説していきます。

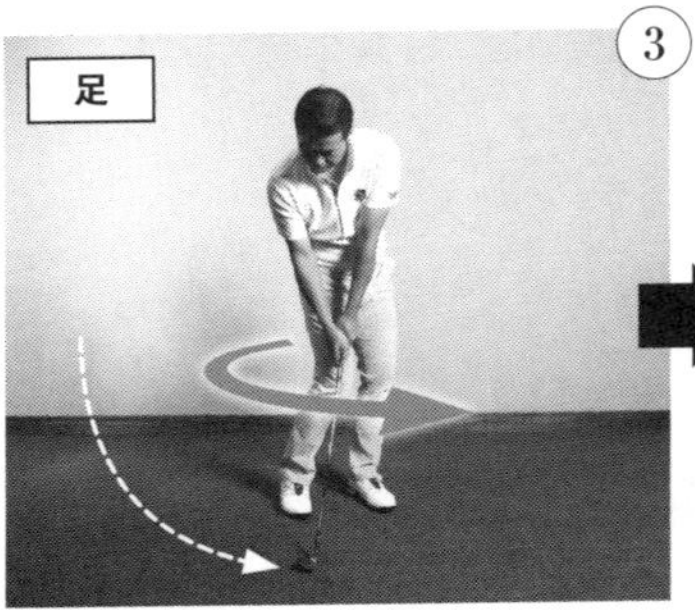

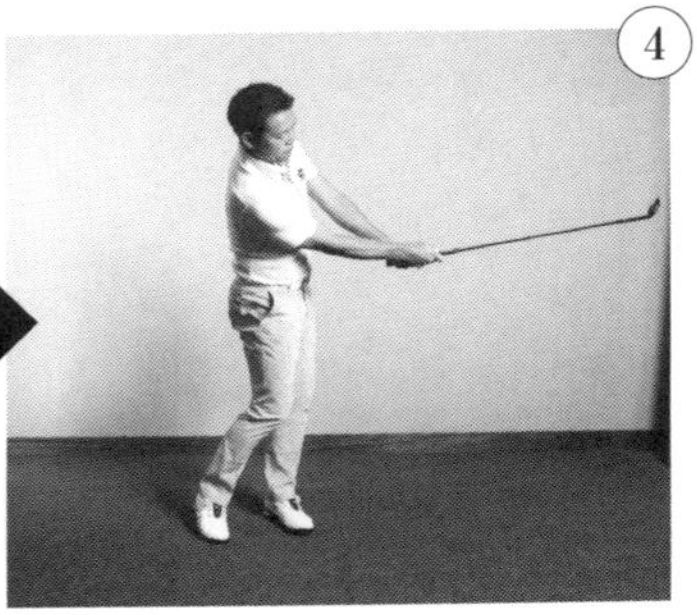

頭と上半身は動かさず、手首を使わず、下半身だけを左に90度回転させる。ここでは「足」を意識する。

ストロークは、ボールから5センチ手前の「ダフる」ところのインパクトでやめるイメージ。自分でフォローを出そうとすると「おじさんスイング」になる。

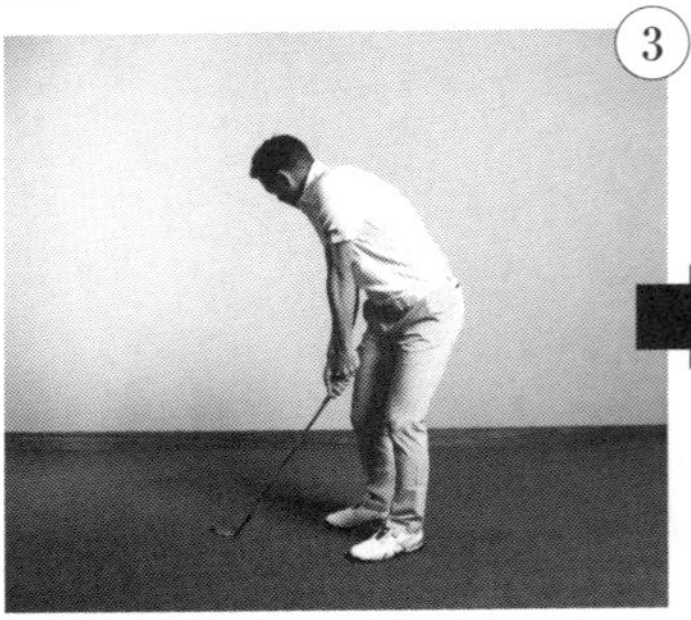

正しいアドレス（正面から見たとき）

クラブを握ってアドレスする。このとき、フェイスを右に向けるのを忘れない。

頭と下半身は開かず、手首は使わず、上半身のボディーターンだけで右に90度回転する。背骨を軸にするため、「背中」を意識するとよい。

正しいストローク（横から見たとき）

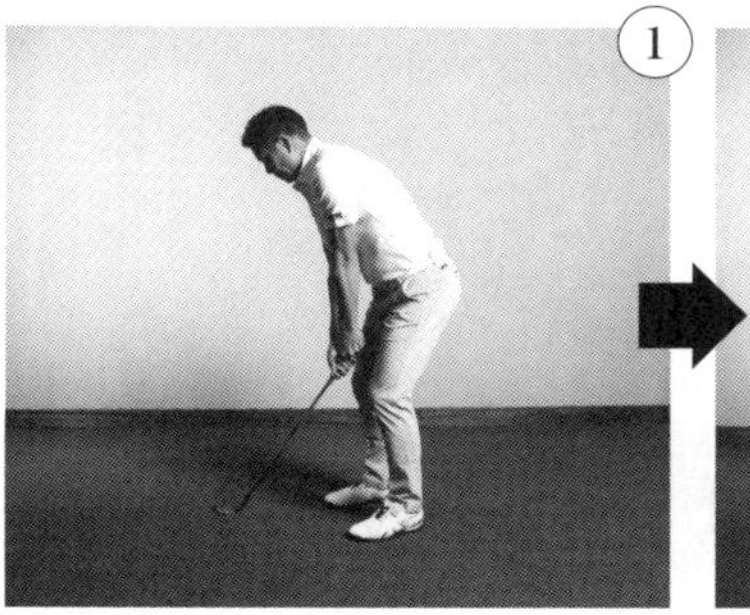

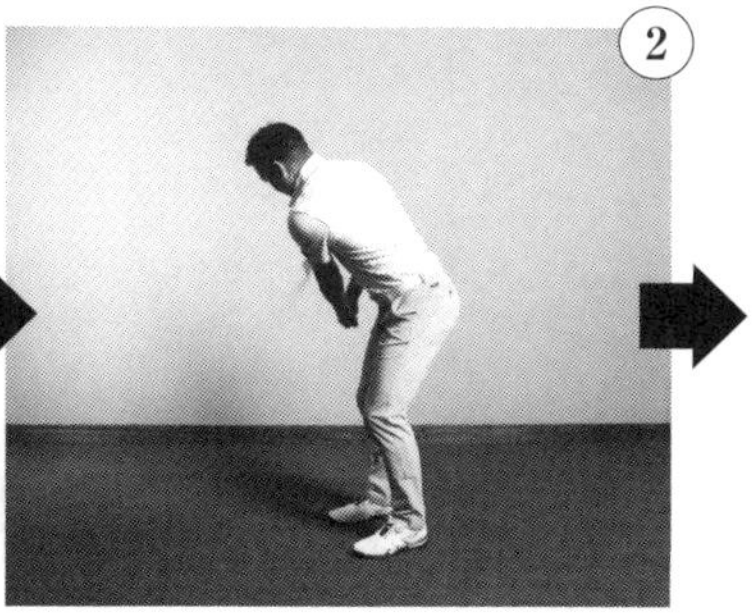

【S2の基礎】その3

「下半身の始動」を身体に覚えさせる

「S1」までは上半身の動きだけでスイングしてきました。しかし、「S2」ではより大きな力をボールに伝えるために、ここに下半身の動きを付け加えます。

クラブを振るとき、上半身の動きは背骨を軸とした横回転となります（147ページ写真ロ）。身体が前傾しているため、斜めに見えますが、背骨を軸に考えると横回転です。パッティングから「S1」までは、この軸に対して横回転のみでボールを打ってきました。ところが、この回転だけではボールを飛ばす距離に限界があります。

そこで、この上半身の横回転に下半身の横回転をプラスするのです（写真ワ）。「S2」は、この二つの横回転の組み合わせの動きとなります。このとき、「下半身の始動」のタイミングを間違えないようにしましょう。142ページでも解説したように、「S2」を成功させる鍵は「背中➡足」です。つまり、まずは上半身を始動させて、その後に下半身を始動させます（144〜145ページ写真②〜③参照）。こうすることで、インパクトのとき上半身と下半身には大きなねじれ、捻転差が生じます。

上半身の回転＋下半身の回転

【S2の基礎】その4

「正しいインパクトの形」を身に付ける

１４６ページでも述べたように、スイング時の上半身の動きは背骨を軸とした横回転です（１４９ページ写真あ）。しかし、スイング時は上半身が斜めに傾いているため、多くの人がボールに対してクラブを縦回転させようとする誤ったイメージを持ってしまいます（１４９ページ写真い）。これでは正確にインパクトができず、ボールに力が伝わりません。上半身を起こして直立した姿勢となり、「正しいインパクトの形」を再確認しましょう（１５０～１５１ページ写真①～④）。写真②の状態から、上半身を動かさずに、足を左に90度回転させます。すると、自然と上半身が正面を向くように戻り、上半身と下半身にねじれが生じます。このねじれの力を利用してボールを打つのです。また、この一連の動きでインパクトの形がアドレスの形と違っていることに注意しましょう。インパクト時は、アドレスの形から下半身が左へ90度回転していることがわかります。次のページでは、参考までに直立した姿勢でよくある悪いスイングをしてみます。「コックしてハンドファースト」は間違いなのが一目瞭然です。

ゴルフのスイングは横回転

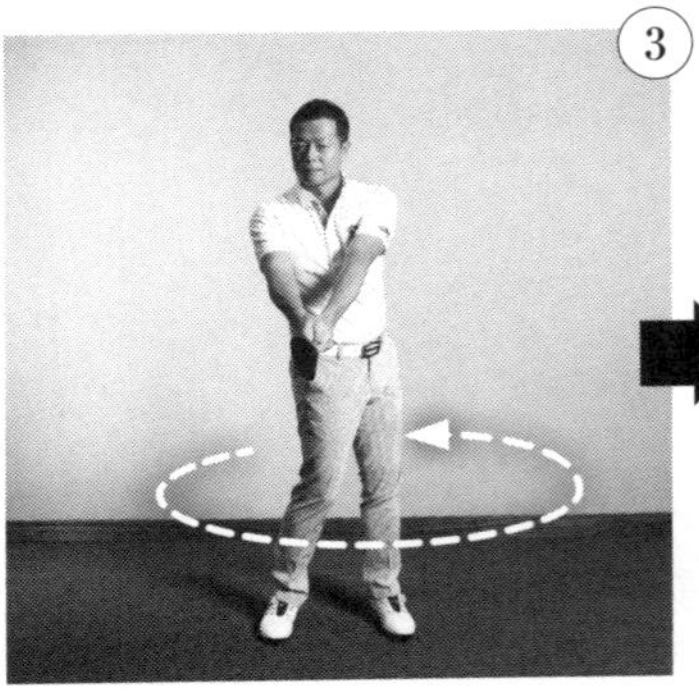

顔と上半身を動かさず、下半身だけを左に90度回転させる。するとクラブは自然にまっすぐ戻ってきて、グリップエンドは右腰の前になる。インパクトはここで終わり。

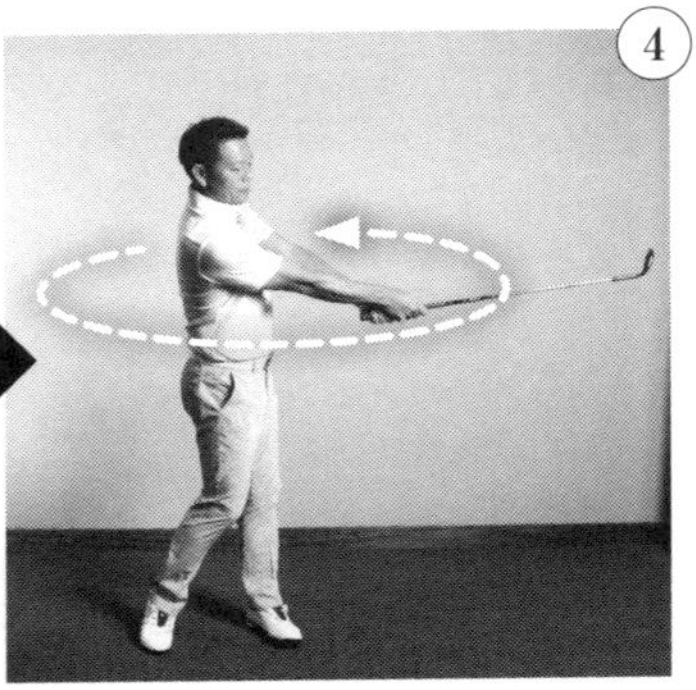

上半身と下半身の捻転を解放すれば、上半身は自然に打った方向に向く。結果的にフォローで3時の位置にくる。

ハンドファーストの形で戻していくと、クラブヘッドはなかなか戻ってこない。ヘッドの戻りが遅いと身体が開いてしまい、ボールを正しくインパクトできない。

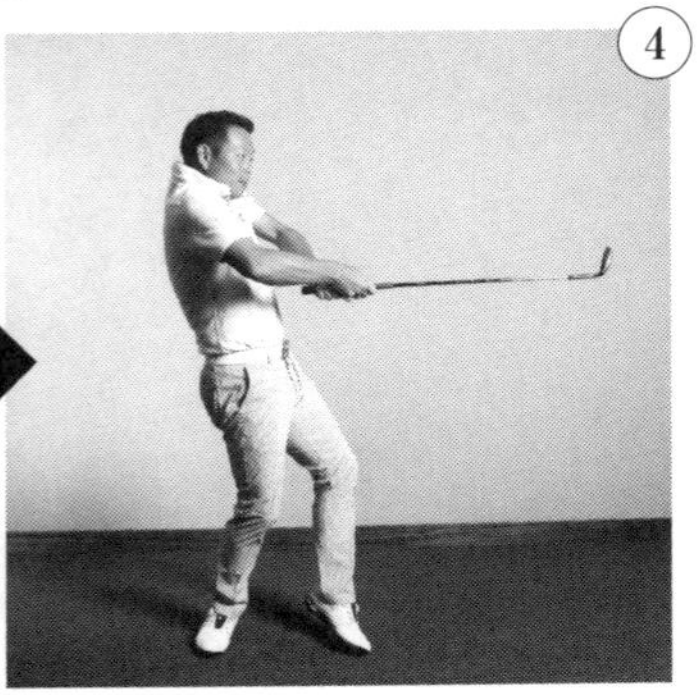

遅れたクラブを腕で振ったり、フォローを出そうとしてクラブをしゃくり上げ、身体の軸が完全に崩れている。

正しいインパクトの形の確認

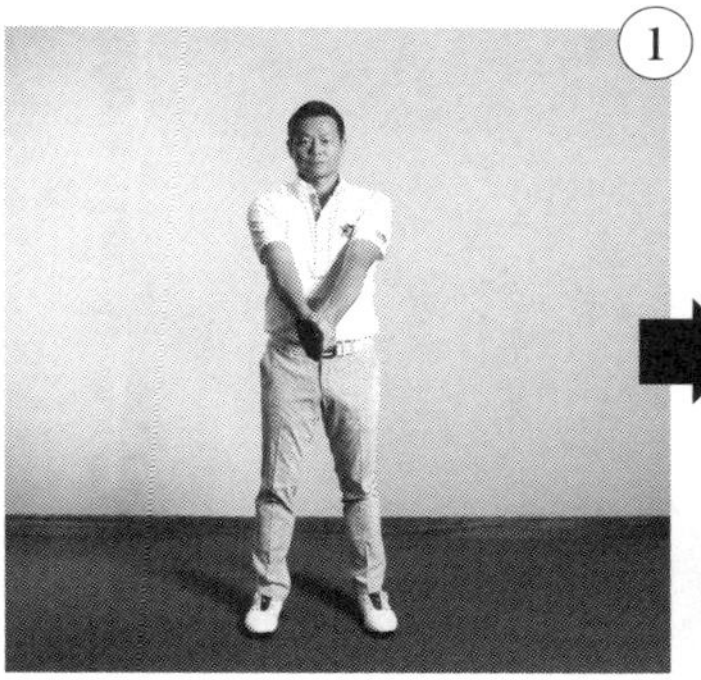

クラブを握って、身体の正面でシャフトを地面と平行に保つ。

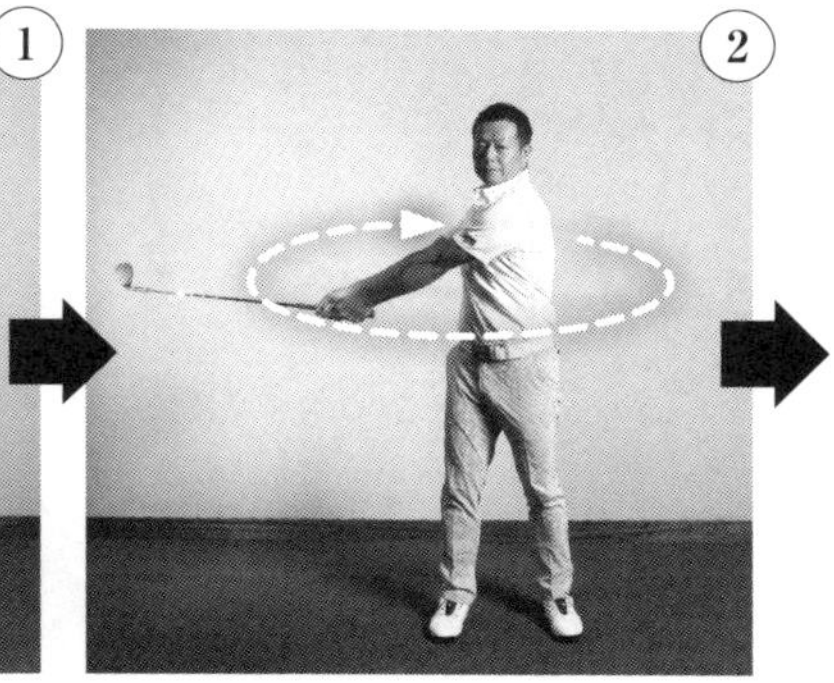

顔と下半身を動かさず、手首を使わず、上半身だけを右に90度回転させる。すると上半身と下半身にねじれ（捻転）が生じる。

下手な人の場合

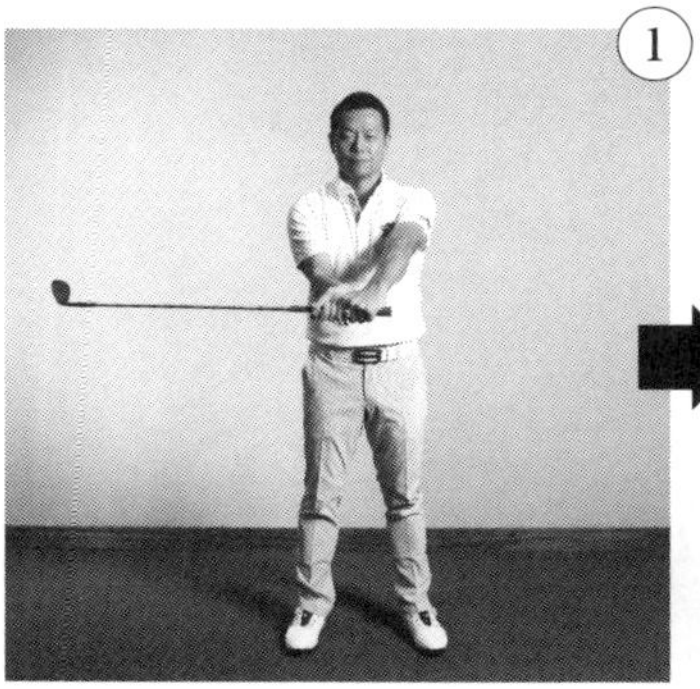

「コックしろ」という間違ったアドバイスに従って、手首を90度に回転させてしまう。

①の状態で上半身を回転させると、クラブが振り過ぎの状態になっている。これではヘッドがぶれやすくなる。

【S2の基礎】その5

上半身と下半身の「捻転差の利用」

ここまで「S2」のときの上半身と下半身の動きについて、詳しく解説してきました。それでも、実際にやってみると自分の身体を正しく動かせない人がいます。

僕が「S2」を指導するとき、生徒さんに向けて「顔、手、下半身を動かさず、上半身を右に90度回してください」と言うと、ほとんどの人が手を前に伸ばしたまま、固まってしまうのか、顔を右へ向けます（153ページ図13）。なぜなら「手を動かさない」と聞くと、手はそのままの位置にあるべきと思い込み、アドレスした両足の間に手をキープするからです。そして、胸だけをなんとか右へ回そうとして顔が右に向くのです。でも、よく考えてみてください。手は上半身についているので、手自体は動かさなくても、上半身を回せば一緒に動きます（153ページ図11）。しかも、そのとき顔はボール方向を向いたまま動きません。

次に「顔、上半身は動かさずに、下半身を左に90度回してください」と言うと、今度は上半身を右向きに残したまま、下半身だけ左に向けようとします（153ページ

図14）。上半身を右向きにキープしようと頭で考えるから、余計な制限を身体に与えてしまうんです。これはかなり無理のある姿勢です。自分では正しくやっているつも

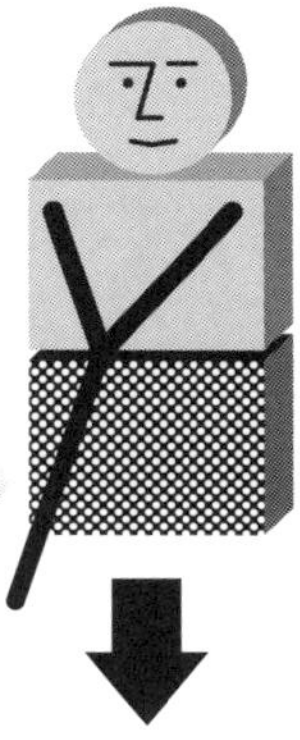

図 10

正しくアドレスしたときの姿勢。顔、上半身、下半身がすべて正面を向いている。

図 11

図10から、顔、手、下半身を動かさず、上半身を右に90度回した形。手は上半身についているので、手自体は動かさなくても、上半身を回せば一緒に動く。

図 12

図11から、顔、上半身を動かさず、下半身を左に90度回した形。上半身と下半身に捻転差が生まれている。

図 13

図10の姿勢で「顔、手、下半身を動かさず、上半身を右に90度回してください」と聞くと、手を前にキープしようと考え、顔だけを右に向けてしまう。

図 14

図11の姿勢で「顔、上半身は動かさずに、下半身を左に90度回してください」と聞くと、上半身を右にキープしようと考え、下半身だけ左に向けてしまう。

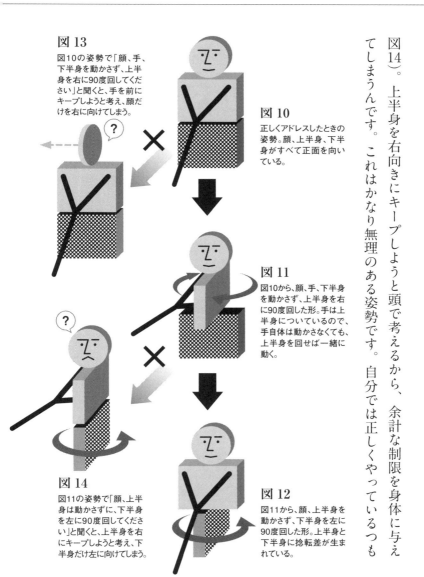

りでも、ほとんどの人がこうした間違った動きをします。こうした間違いは、自分の身体を客観的に見られず、言葉にだまされてしまうから起こるものです。153ページの図10～12を見て、「S2」での上半身と下半身の正しい動かし方を客観的に理解しましょう。そうすることで、自分の身体を正しく動かせるようになります。

また、153ページの図10～12を見れば、上半身と下半身の捻転差を利用してスイングしていることがよくわかります。「S2」がこれまでよりも大きな力をボールに伝えられるのは、この捻転でエネルギーを生んでいるからです。

おしぼりやゴムをねじったときの動きをイメージするとわかりやすいでしょう。下半身を動かさずに上半身を右へ回転させ、次に上半身をそのままにして下半身を逆方向に回転させます。そこから上半身を解放すると勢いよくブンとクラブが振れるのです。このとき、絶対に自分でフォローを取ろうとしないでください。インパクトの形で動きをやめれば、捻転差が解放されたことによって自然とフォローが出ます。

ここまで上半身と下半身を使った二つの回転のポイントを解説してきました。これで正しい「身体の軸回転」がどういうものかを理解できたと思います。次からは実際に「S2」のアプローチを打つとき、心がけるべき点について解説していきます。

【S2のポイント】その1

「ハンドファースト」ではなく、正しくは「ハンドバック」！

パッティングから「S1」まではアドレスとインパクトの形が同じでしたが、「S2」ではアドレスとインパクトの形が異なります。144〜145ページの写真①と写真③を見比べると、その違いがよくわかると思います。

その2枚の写真でグリップエンドの位置を見比べてみましょう。アドレスのとき、グリップエンドは左足の付け根を向いています（145ページ写真①）。それに対して、インパクト時のグリップエンドは右足の付け根を向いています（144ページ写真③）。

2枚を見比べて、グリップエンドの位置が右足寄りに移動したことに違和感を覚えるかもしれません。しかし、インパクトの姿勢から足の位置だけを戻すと、実はアドレスと同じ姿勢になります（157ページ写真①〜④）。つまり、クラブは元の位置に戻っており、足の位置だけが下半身の回転の結果、変わっているのです。だからこそ、まっすぐ芯に当たって、まっすぐボールが飛ぶのです。

同じ動きを「ハンドファースト」で振ったときの姿勢でやってみましょう。インパクト時の足を元の位置に戻すと、クラブヘッドが出遅れていることがわかります（158ページ写真①～④）。だから「ハンドファースト」は間違いなのです。でも、世の中の多くの本や映像には「ハンドファーストで」と指導しているものがとても多いのです。まずは、この意識を変えましょう。パッティングのときに解説（49ページ参照）したように、「クラブはとても長い手」です。その感覚に沿うと、クラブヘッドが手先となり、クラブを握っている手の部分がひじに当たります。「ハンドファースト」とは「ひじファースト」で打っているようなものです。干した布団を布団たたきでたたくとき、布団たたきを持っている手を先行させてたたきますか？　それでは、しなり戻りの効果が出ず強く布団をたたけないため、ふとんたたきの先端が先に回るようにして、しなり戻りを利用してたたくはずです。クラブでいえば、クラブを握っている手を先に回すのではなく、クラブヘッドを先に回すわけです。すると、インパクト後にフォロー側に出ていく順番は、クラブヘッド➡シャフト➡自分の手➡自分のひじになります。つまり、「ハンドファースト」ではなく、むしろ「ハンドバック」（笑）なのです。常識とされている世の中の言葉に惑わされてはいけません。しっかりとクラブヘッドを振りたかったら、「ハンドバック」でスイングしましょう。

アドレスとインパクトの形の違い

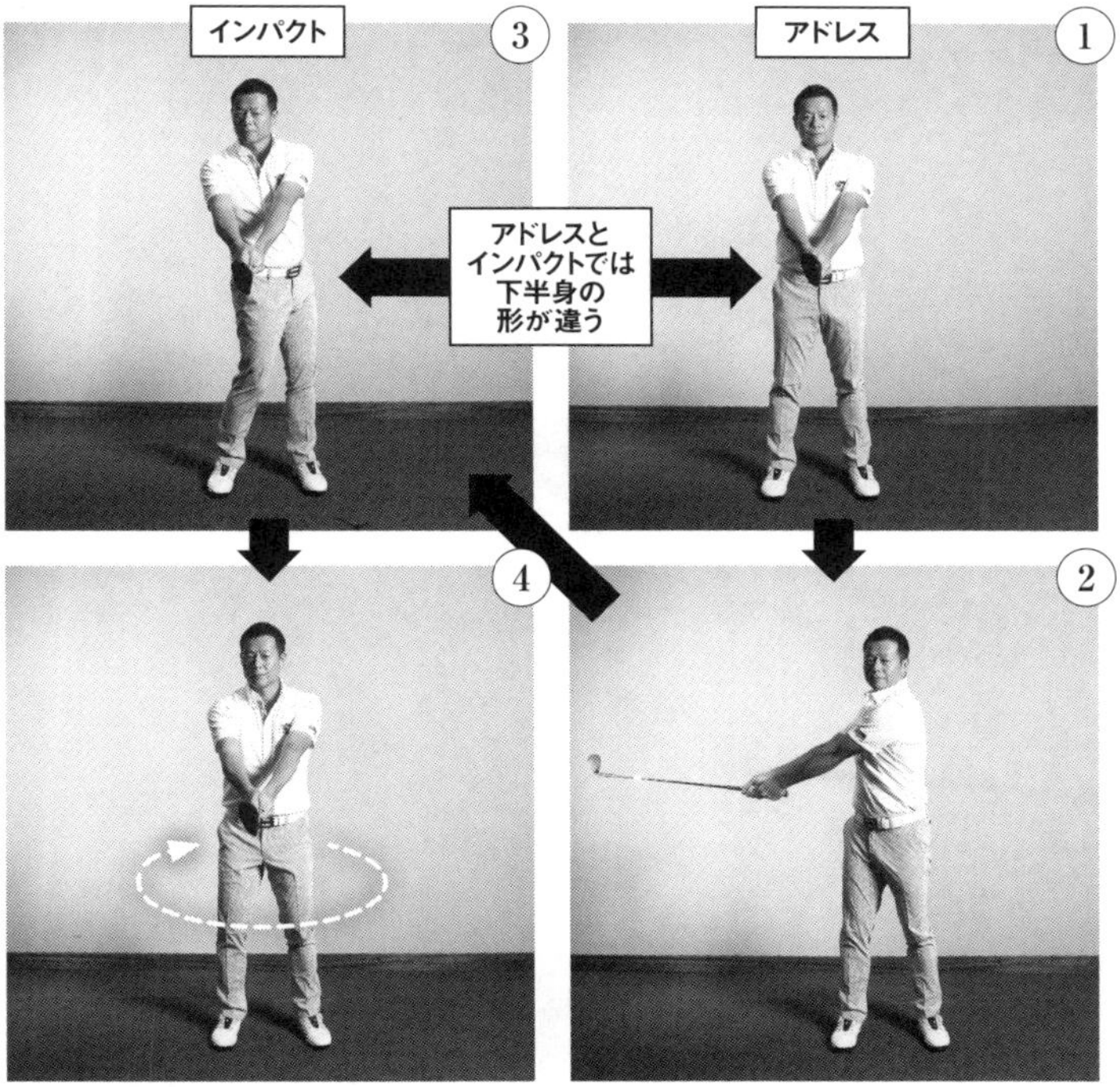

インパクトの形から下半身だけを戻すと、アドレスとまったく同じ姿勢となる。

ハンドファーストのときのインパクトの形

本来ならインパクトしておくべきタイミングで、クラブヘッドがまだ後ろの方にある。また、手だけが前に出過ぎていて、インパクトの形から下半身だけを戻しても、アドレスと同じ姿勢にならない。

【S2のポイント】その2
「体重移動は右⬇左」は完全な間違いです!

もう一つ、世の中で言われていることの間違いを教えましょう。それは体重移動に関してです。世の中の本や映像では「(プロのように)体重移動は右⬇左」と言っているものがほとんどです。ところが、この言葉通りに「右⬇左」と体重移動すると、身体がスウェイ(重心が流れてしまうこと)します。もちろん軸もずれてしまいます。こうなるのは当たり前なんです。なぜなら、体重移動とはもちろん位置も動かすことですから、体重をかける位置を動かせば、身体が流れてしまって当然です。むしろ「スウェイしろ」と言っているようなものです。だから、僕は「(上半身)右回り、(下半身)左回り」と言います。そうすれば、体重移動させることなく、自然に捻転ができるわけです。「右回り、左回り」だけなので、頭は動きません。重心は頭の下にあるので、このとき体重移動はしていません。上半身を右に回し、下半身だけ左に回せば、結果、プロのような形になります。ところが、大人は頭で考えて左に回そうとするため、自分の頭が前に突っ込みやすくなります。自分の頭(ヘッド)ではなく、クラブのヘッドを振ってください。

本当はプロも体重移動なんかはしていません。ただ、写真や動画に写る姿勢の変化に惑わされて、体重移動しているように誤解するのです。それで「体重を右から左に移せ」と間違ったアドバイスをしてしまう人がいるのです。それを聞いた人は、一生懸命、左へ体重を移そうとして、前に突っ込んで姿勢を崩したりします。

「(上半身)右回り、(下半身)左回り」と意識すれば、身体の軸がずれることはありません。どんな円でも軸を動かさないで回った方がスピードが出るし、同じ位置に戻りやすくなります。例えば、おもちゃのでんでん太鼓やコマでもそうです。軸をずらさずに回転させると、スピードが上がるうえに回転が安定するんです。どんなに良いスイングをしても軸がずれてしまったら、ボールが飛びにくいうえに軌道が曲がってしまいます。

(上半身)右回り
(下半身)左回り

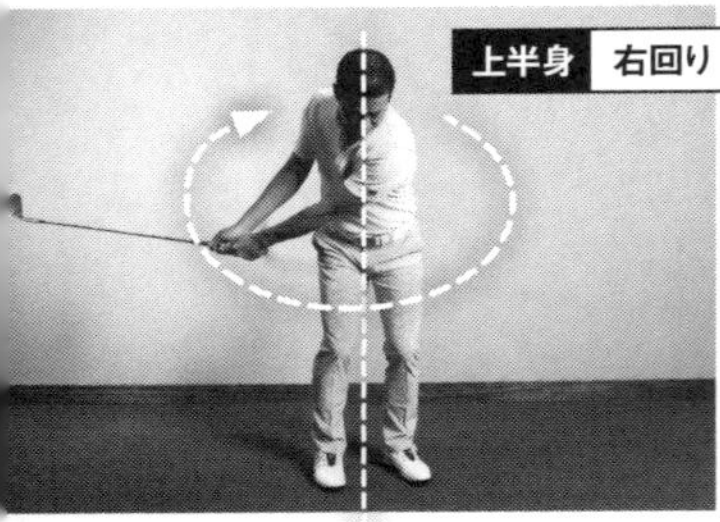

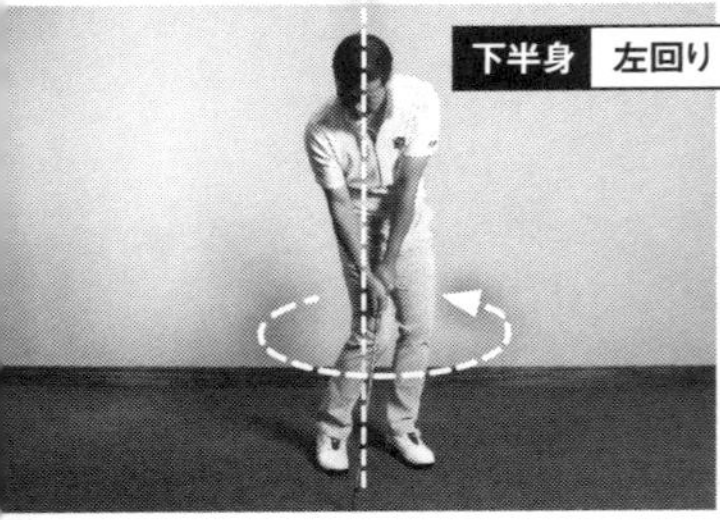

上の2枚の写真を見ると、左に重心が移動しているように見えるが、実は軸はずれていない。

【S2のポイント】その3

プロのダウンとフォローを見たとき、注意すべきこと

プロのスイングを写真やビデオで見たとき、注意すべき点は他にもあります。ここでは、そのいくつかを教えましょう。

まず知っておいてもらいたいのは、プロがスイングするとき「一番スピードが速いのがダウンで、一番遅いのはフォロー」ということです。だから、ダウンスイング（特にインパクト前の4分の1）は写真や動画には、ほとんど写りません。

それなのに、プロコーチや解説者の中には「前でブンと鳴るように振れ」とか、「ボールに当たった後に最大の加速をする」と適当なことを言っている人がいます。でも普通に考えてみてください。ボールに当たった後に最大の加速をして何か意味があるのでしょうか？　また、物理的に考えて、ボールに当たった後に加速するわけがありません。物体が移動して別の物体に衝突した後は、抵抗力が働いて減速するのが常識です。だからフォローのときに最もスイングスピードが遅くなるのです。

こうした間違いが出回ってしまうのは、ビデオや写真に一番速いダウンスイングの

状態が写らず、正しい答えを誰も知らないからです。そこで、その答えを教えるために僕が構築したのが、インパクト前の4分の1（クォーター）を解説した「クォーター理論」です。この部分についてはプロでもわかっていない人がほとんどです。彼らは正確にできるようになるまで練習して、身体が反応するようになっただけで、その仕組みまではわかっていません。身体は知っていても、言葉では説明できないのです。そのため間違った解説をしてしまうことがあるのです。

それでは、一番スイングスピードが遅く、写真やビデオにも写りやすいフォローについては、正確な解説ができているのでしょうか。答えは「NO」です。プロの写真を見ると、きれいに芯に当たってフォローが出ているように見えます。そこで「フォローを出せ」と指導する人がたくさん出てきます。ところが、プロは意識してフォローを出しているわけではありません。例えば、おしぼりを縦につるして下側の部分だけをねじり、手を離してみてください。すると、勝手にねじれが戻ります。おしぼりが自分で下側の部分を回転させているわけではありません。捻転を加えて解放すれば、自然に元の形に戻ろうとします。これが「S2」のスイングでフォローに当たる動きです。意識してフォローを出さなくても、捻転がほどけた結果が、自然なフォローになるんです。

パッティングからS1まででは、上半身だけのボディーターンでストロークしました。「S2」では上半身を右に回しましたが、それを左へ向ける作業は一切ありません。下半身を左に回したときに捻転差ができ、その捻転が解放されたときにフォローになるんです。その結果、リーディングエッジと背骨が斜めに平行になっているのが自然な状態です。

捻転が解放されればフォローの形が出る

上半身と下半身の捻転が解放されれば、自然なフォローが出る。また、フィニッシュでは、リーディングエッジと背骨がほぼ平行になる。

【S2の練習】その1

練習器具を使って、しなり戻りで打つ

ここまで「S2」のアプローチをするための基礎、そしてポイントを解説してきました。それらを素早く身に付けるために僕がレッスンで使う道具が「クォーターマスター」です。「S1」の練習で使う「S1マスター」（131〜132ページ参照）よりも、さらにしなりやすい細いシャフトを持っているので、シャフトではなくヘッドに意識がいきます。「クォーターマスター」でアドレスして上半身を右に回し、下半身を左に回すと、インパクト時にしなり戻りの力がボールに伝わり、ボールが上がっていく様子が体感できます（165ページ写真う）。

しかし、ひざを送ってハンドファーストする人は、インパクト時にシャフトが逆側に曲がります（165ページ写真え）。こうなると力が出る前のしなりで当たるので、ボールは「上がらない」「飛ばない」「右に行く」という三つの失敗の原因になります。

よく「しなりで打て」と言われますが、それは言葉が間違っています。しなりではなく、「しなり戻り」で打つのです。その感覚を効率よく磨いてくれるのが、この練習です。

クォーターマスターでの練習

「クォーターマスター」の柔らかいシャフトを利用し、「しなり戻り」でボールを打つ練習。

ハンドファーストの人は、しなった状態でフェイスが右に開いた状態でインパクトしてしまう。

「悪いことをしよう」という発想の転換

【S2の練習】その2

「S2」でも他のアプローチでも大切なことは、いつでも一定のキャリーとランが出せることです。同じところにボールを落とし、そこから同じ距離を転がせるよう、何度も練習しましょう。そして、正しいスイングができたとき、自分はどのくらいのキャリーとランが出るのかを正確に把握しておきましょう。

余計なことをしなければ、ボールの着地点をそろえるのは簡単です。なぜならクラブが描く円の半径が変わらなければ、アドレスした位置に必ずクラブは戻ってくるからです。しかし、「コックする」とか「ひざを送る」とか「体重移動する」とか、世の中の間違ったアドバイスに影響されていると、ボールの着地点は安定しません。

一人で練習するときも僕の言った言葉だけを実行してください。パットアプローチとランニングアプローチは、頭、下半身、手首を動かさず、肩だけでストロークします。「S1」では、頭、下半身、手首を動かさず、上半身だけのボディーターンです。「S2」では、「背中➡足」で上半身を90度右に回してから下半身を90度左に回します。

僕がレッスンしたばかりであれば、直後の1打目は誰でもできるんです。「こいつはおかしなことを言っているけど、まあ試しに言われた通りやってみるか」とでも思っているからでしょう。子供のような真っ白な気持ちで打てるので、1打目は良い球が出やすくなります。

しかし、そこからもう1球良い球を打とうとすると、頭の中に「世間で良いとされていること」がよみがえります。すると、「コック」や「ハンドファースト」など余計な動作が入って、正しく打てなくなります。逆に失敗したときは「失敗したからちゃんとしよう」と思い、これもまた「世間で良いとされていること」を意識してしまいます。うまくいっても失敗しても「もっと悪いことをしてやろう」くらいに考えた方が結果はよくなるんです。一人で練習するときには、こうした発想の転換も重要となります。

【S2の練習】その3

ボールの着地点を一定にするのは基礎中の基礎

ここまで、パットアプローチ、クォーター理論のランニングアプローチ、一般的なランニングアプローチ、「S1」のアプローチ、「S2」のアプローチと、5種類のアプローチを解説してきました。実際にコースに出て、どのアプローチを選択すべきかは、そのときのボールのライ（状況）次第です。

ただし、それぞれのアプローチでどのくらいのキャリーとランが出るかが、そのときに把握できていないと、どのアプローチを選択すべきかの判断がつきません。そのためには、いつでも同じ高さ、同じ距離、同じ場所に打てる安定感が必要です。パットアプローチから「S2」のアプローチまで、それぞれの打ち方でおおよそのキャリーとランがまとまる技術を身に付けましょう。

これは野球でいえばキャッチボールです。いくら良い投げ方でスピードのあるボールを投げられても、同じ球を投げられないと、まともなキャッチボールにはなりません。そして、まともなキャッチボールができない選手は試合に出してもらえません。

ゴルフのアプローチで同じ球を打てないのは、野球でいえばキャッチボールができないのと同じです。そんな状態では試合（ゴルフの場合はコースに出たりコンペに参加すること）に出る資格すらないのです。

いつでも同じように平均的なボールが運べるようになって、ようやく基礎中の基礎が完成します。キャッチボールができるようになれば、次は試合に向けての準備です。

次の章からはゴルフでいうところの試合、つまり実際のコースに出たときの対応についで解説していきます。

コラム ③

キャリーとランを変えるための三つの選択肢

アプローチのとき、ピンの位置を確認したらキャリーとランの比率を考え、どのクラブでどう打つかを選択します。このときの選択肢は三つあります。その選択肢は簡単な方から順に「①クラブを持ち替えてランを変える」、「②同じクラブでロフトを変えてランを変える」、「③同じクラブで振り幅を変えてキャリーを変える」となります。プロであれば、状況により難しい方から優先的に選ぶことも可能です。しかし、アマチュアゴルファーなら①➡②➡③と簡単な方から選択しましょう。この順番を間違えると、わざわざ難しいことをすることになります。

それでは簡単な方から順に解説していきましょう。まずは「①クラブを持ち替えてランを変える」です。85ページで解説したように、クラブを持ち替えればランが変わります。サンドウェッジならキャリー1に対してラン1、ピッチングウェッジならキャリー1対ラン2、8番アイアンならキャリー1対ラン3と、ランだけが伸びていきます。これはクラブごとにロフトが違うからです。これが一番シンプルで簡単な選択肢です。

① クラブを持ち替えてランを変える

図 15

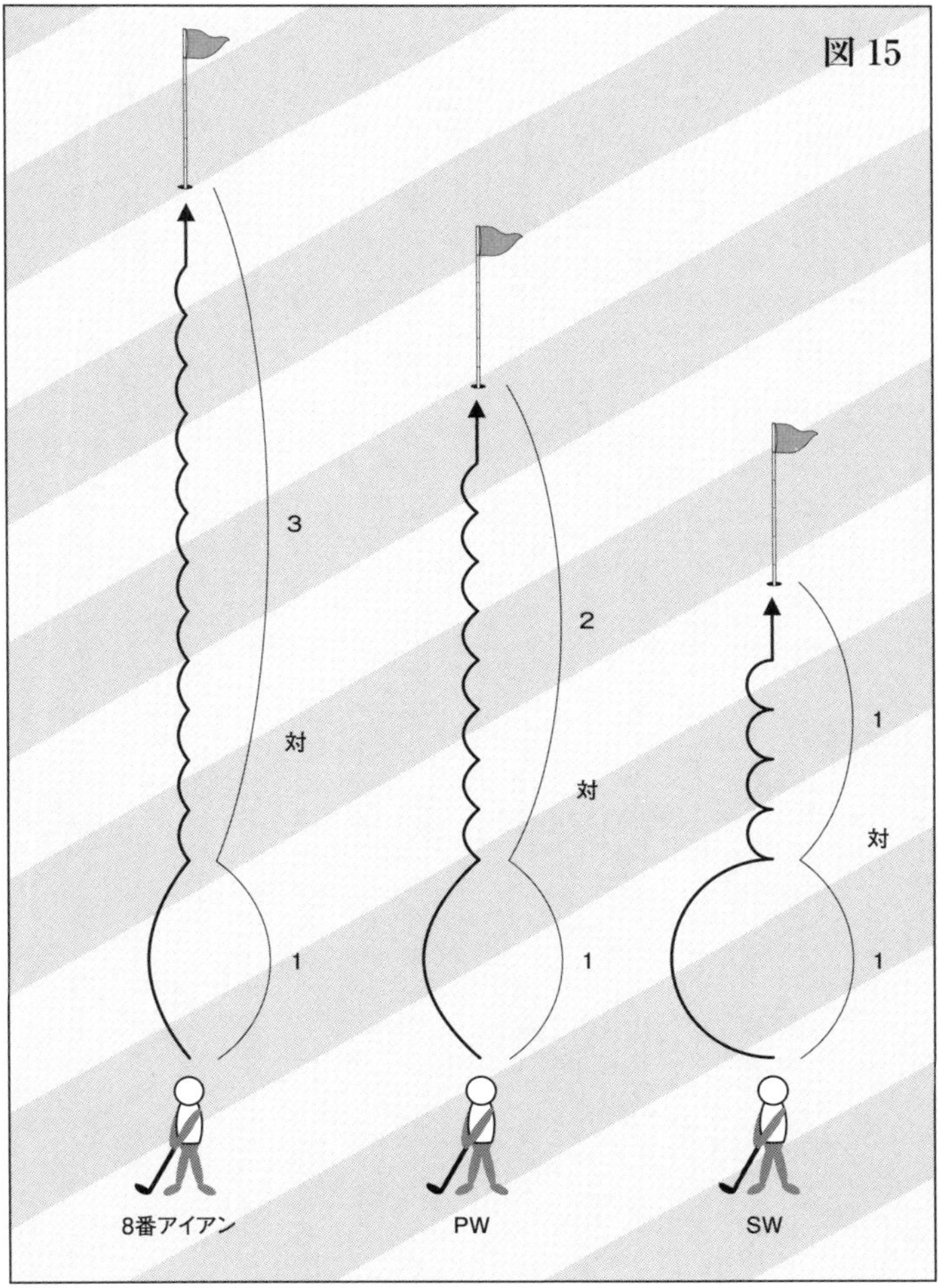

※グリーンのスピード、芝目、傾斜によって比率は異なります。

次の選択肢は「②同じクラブでロフトを変えてランを変える」方法です。クラブにはそれぞれのロフトがありますが、ボールの位置を変えれば、クラブを持ち替えなくても、ロフトの角度は変えることができるのです（173ページ図16）。自分の左にボールを置くとロフトが大きくなり、高く出て止まりやすい球になります。真ん中にボールを置くと通常のロフトとなり、クラブなりに上がって適度に転がります。自分の右にボールを置くとロフトが通常よりも立ち、低く出てランが多くなります。こうしてロフトを変えて、ランを変えるのです。これが二番目に簡単な選択肢です。ただし、ロフトを立てるとザックリしやすくなります。また、ボールを右に置くとクラブが鋭角に入るので、遅いグリーンではスピンがかかり転がりにくい場合があります。

最後は最も難しい③の選択肢です。技術力のあるプロは最初から③を選択するケースが多いです（174ページ図17）。なぜならプロがプレーしているグリーンは速くて傾斜などがあるからです。そこでキャリーを変えて、なるべくピンの側に落として止めようと考えるのです。しかし、そのためには思ったところに確実に落とせる技術が必要です。スイングに強弱が出るとスピン量が変わって距離がずれるうえ、振り幅を増やせば、クラブヘッドが戻ってくるまでの時間が長くなります。プロはこのヘッドの戻りを待つことができますが、それは経験値が高いから対応できるのです。みなさんにはそこまでの経験がないわけですから、振り幅でキャリーを変えるチャレンジは最後に取っておきましょう。

② 同じクラブでロフトを変えてランを変える

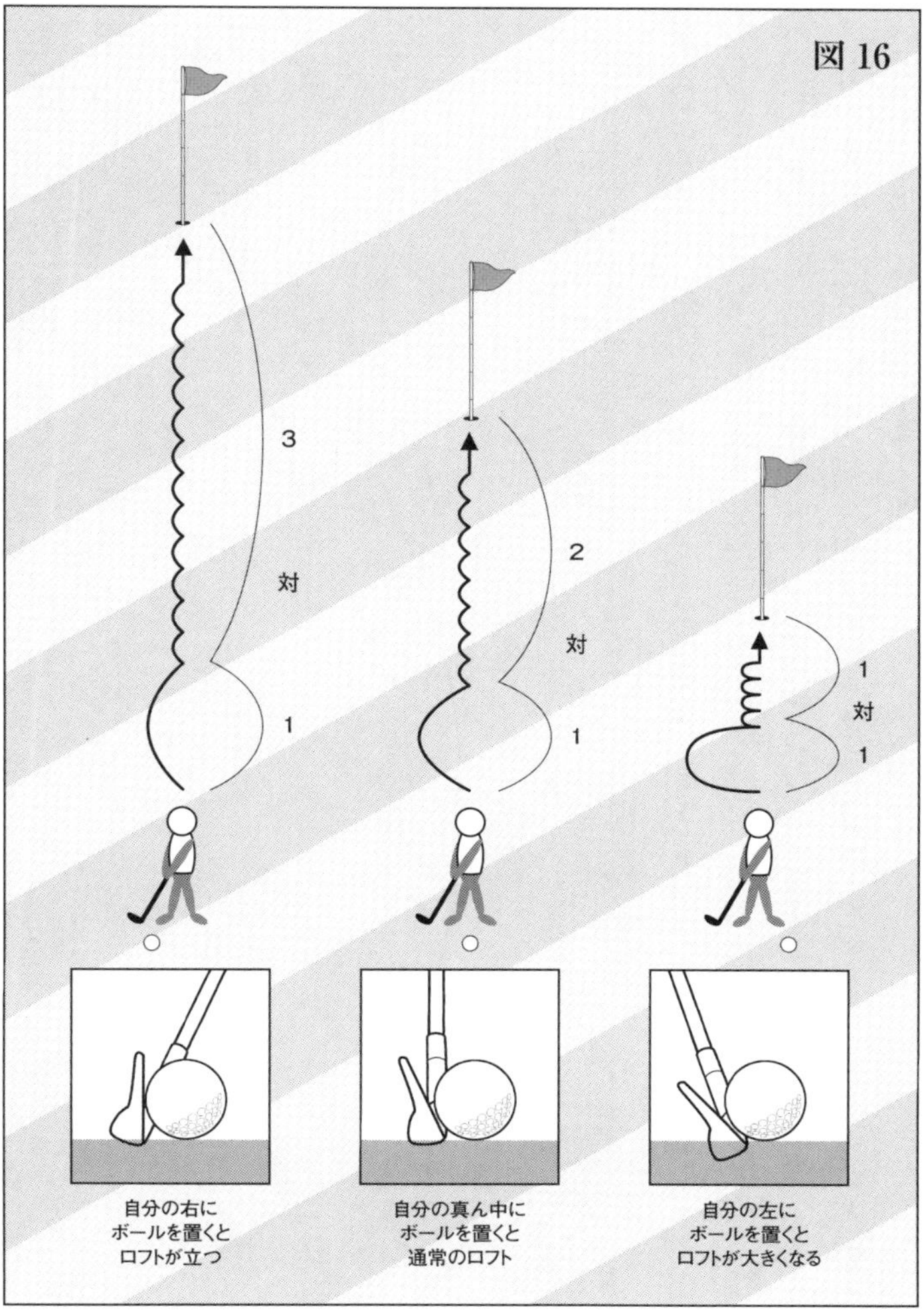

図 16
3
対
1
2
対
1
1
対
1
自分の右に
ボールを置くと
ロフトが立つ
自分の真ん中に
ボールを置くと
通常のロフト
自分の左に
ボールを置くと
ロフトが大きくなる

③ 同じクラブで振り幅を変えてキャリーを変える

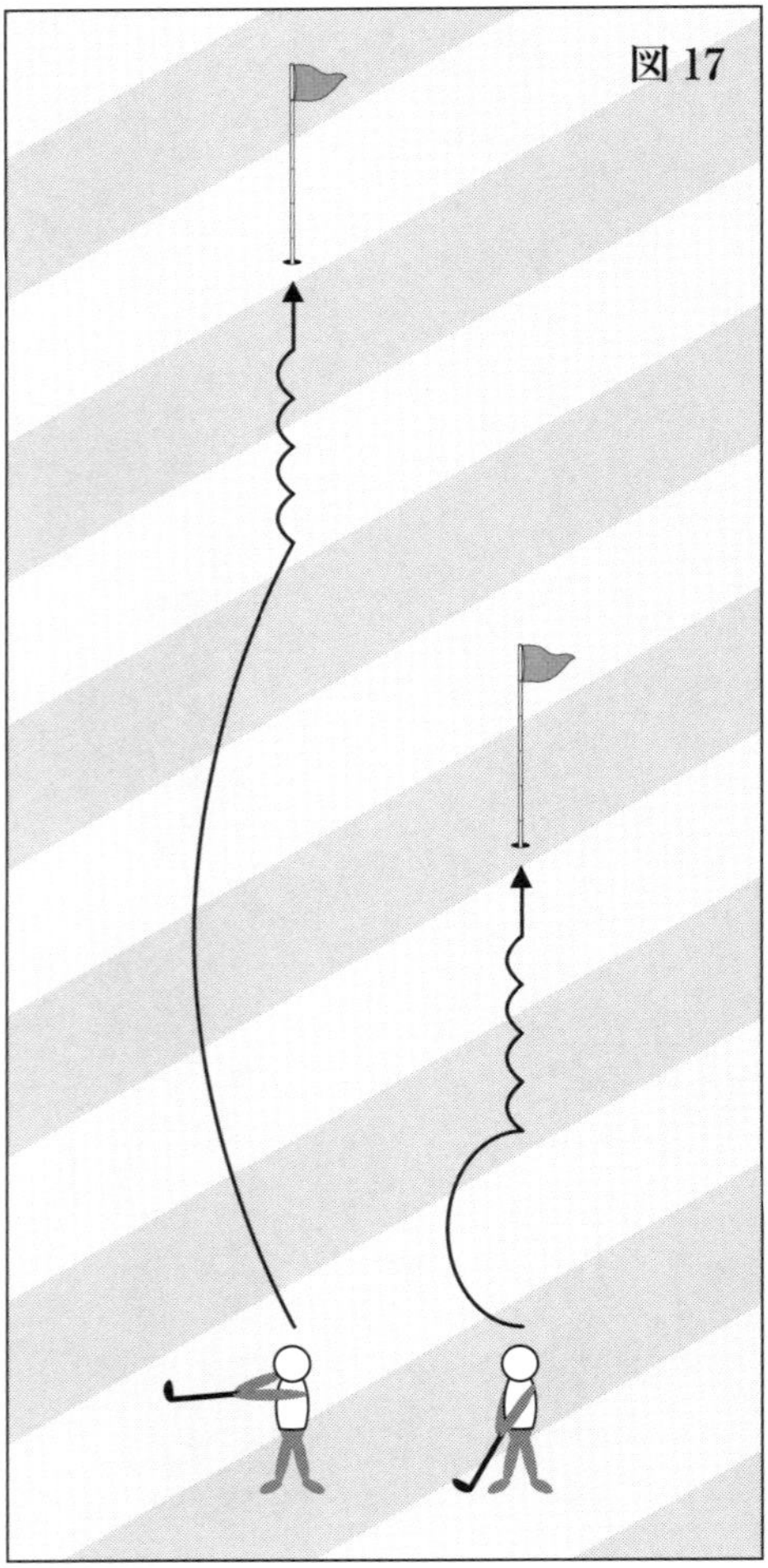

図 17

第2章と第3章では、各アプローチの基本を解説してきました。しかし、ここから先の第4章と第5章では、コースに出たときに遭遇する様々な状況への対応を解説します。より実践的な内容になるために、ここで紹介した「キャリーとランの変え方」が重要になってきます。「キャリーとランの変え方」の三つの選択肢を必ず頭に入れておきましょう。ただし、どんな状況でも選択する順番は①➡②➡③です。

第4章

もう悩まない！
傾斜・ラフからのアプローチ

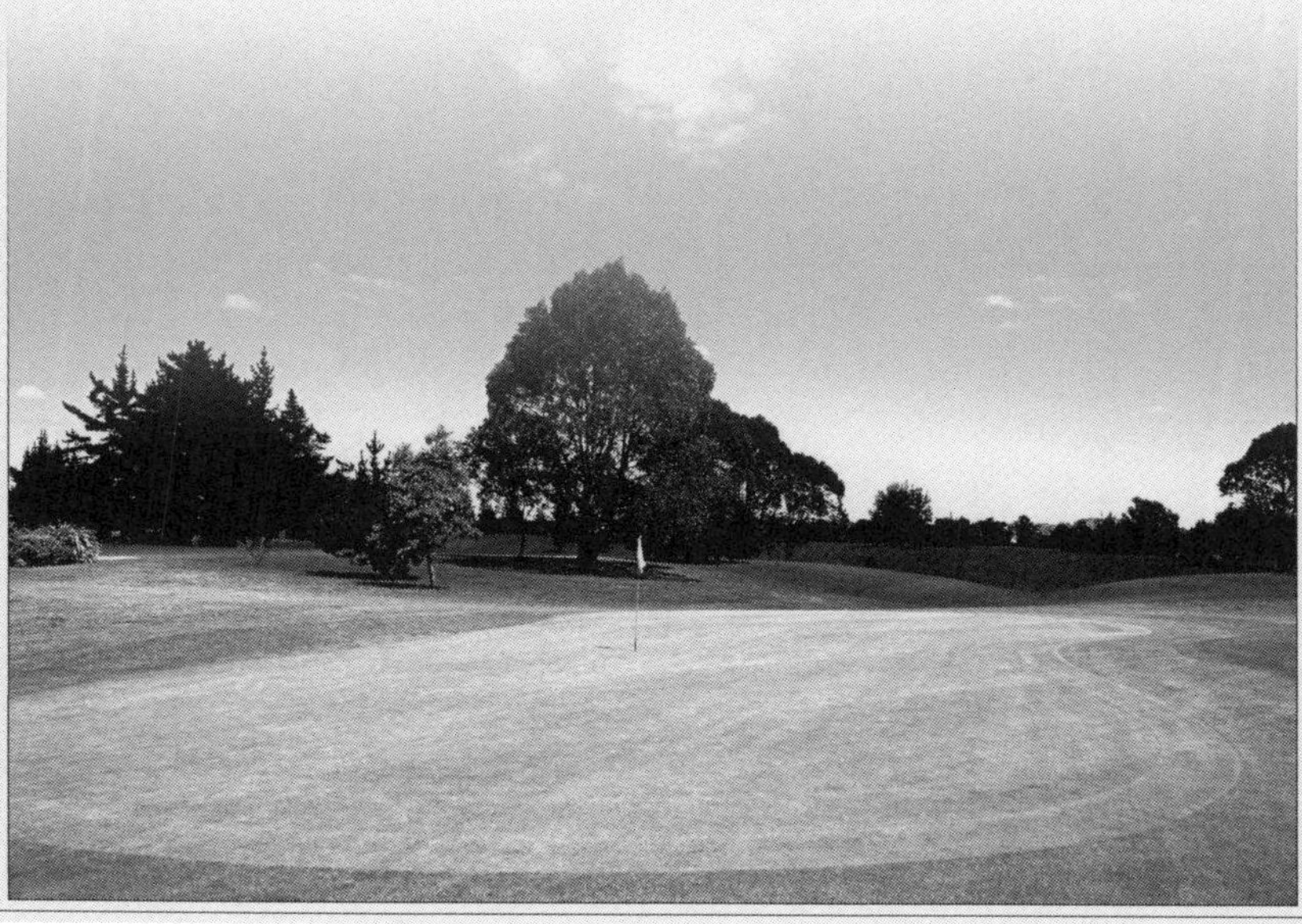

一朝一夕にはできない傾斜・ラフのアプローチは処理の仕方を覚えるようにしよう！

第2章ではパットアプローチとランニングアプローチ、第3章では「S1」のアプローチと「S2」のアプローチを紹介しました。ただし、これらの方法はすべて基本であり、形作りに過ぎません。なぜなら、これまでの解説はすべて平坦な場所を前提にしたものだからです。

実際のゴルフコースを思い浮かべてみてください。コースには平坦なところはほとんどありません。細かな傾斜やラフもあるので、それらから受ける影響を加味して、ボールを打たなければなりません。平坦な場所を前提とした、これまでの解説はそのための準備でしかないのです。ここからはコースでのラウンドに活用できる、より実践的な内容を解説していきます。

コース上の傾斜やラフへの対処は打つ前に処理しておくべきものです。「この傾斜だとどういう球になるか?」と推測し、「それなら、どう打とうか」と対策を考えます。コースに出たときは、一打ごとにこうした処理が必要です。

それでは、まずは傾斜からのアプローチについて解説していきます。傾斜にはアドレスのときの足の傾きによって、大まかには、「左足上がり」、「つま先上がり」、「左足下がり」、「つま先下がり」の四つのタイプに分かれます。次のページからは、この四つのタイプを比較的簡単なものから順に解説していきます。ただし、これらの解説もあくまで基礎的な考え方を説明したものであることを忘れないでください。実際のコースで状況を判断して対処法を決めるのは、あなた自身です。

コースに出れば、ティーショット以外はほとんど微妙な傾斜の中でプレーします。だからこそ打つ前に傾斜の情報を処理してから打つわけですが、みなさんは普段、どれだけ傾斜の練習をしていますか? 熱心に練習している人はなかなかいないと思います。それでは月に1回ペースでコースに出たとしても、結果に結び付くはずがありません。

でも、せめて「この傾斜の場合はこうなる」、だから「こうやって処理して打とう」と処理の仕方を覚えることはできるはずです。そうすれば、何もしないよりは上達の可能性が広がります。

【傾斜からのアプローチ】その1

左足上がりの傾斜

四つある傾斜からのアプローチの中で、最も簡単なのが、「左足上がりの傾斜」です。なぜこのタイプが簡単かというと、ボールの後ろ側が下がっているため、ボールにコンタクトしやすいからです。

グリーンは水はけがよくなるように周囲よりやや高くなっているケースが比較的多いです。そのため、アプローチでも左足上がりの傾斜が最も多いと言えます。回数が最も多く、最も打ちやすい状況でもあるので、この傾斜からは確実に寄せワンを取れるようになりましょう。

考え方の基本は大まかに言うと、「遠いピンに向けて転がす」か「近いピンに向けて落として止める」かの二択です。理屈を知らずにピンが遠い場合でも、落として止めようとする人がいますが、これは難易度が高い打ち方です。まずは転がすことを考えましょう。僕は生徒さんに「ゴルフはゴロ（フ）で、ゴロから考えろ」と言いますが、初～中級者ならば迷わず、ゴロから考えましょう。

ゴロで転がすことを選択した場合は、ロフトなりに立ちます（180ページ写真㋔）。ロフトなりとは、クラブ本来のロフトに忠実になるように傾斜に対抗して立つことです。この状況で立つと、左足に相当の体重がかかります。大きな傾斜上に立つときでも普通にアドレスする人がいますが、それではボールの手前に打ち込みやすく、転がりが悪くなる可能性があります。左足を軽く曲げてきっちりと左足に体重をかけてアドレスしましょう。

そこからピンを見て、どこに落としてどれだけ転がるかを見定め、ロフトを決めます。落としたいところに向けて、手首や下半身を使わず、「S1」でボールを打ちます。左足上がりの傾斜からのアプローチはこのような流れとなります。このとき、速いグリーンの場合はロフトを立て気味にすることで対処できますが、重いグリーンの場合はボールが止まるので、やはり、クラブを替えましょう。

長いクラブの方が芯に当たりやすく、ザックリしづらいうえに、スピン量が落ちて転がりやすくなります。左足上がりの状況では、芝目が逆目になっていることが多いので、そういうときは長いクラブに持ち替えるのが一番楽な方法です。ロフトを変えてランを変えてもいいですが、逆目のときにロフトを立てるとザックリになりやすいので、クラブを替えた方が楽です。
また、プロはこうした重いグリーンの場合、ザックリが嫌なので、卓球でドライブをかけるようにボールをインサイド・アウトに包み込んで打つ場合があります。するとフック回転がかかって落ちてからのボールの転がりがよくなるのです。この打ち方はアマチュアでも比較的簡単にできるので、自信のある人は練習で試してみてもよいでしょう。

左足上がりの傾斜からのアプローチ

（遠くのピンに向けて転がす場合は、ロフトなりに立って打つ）

お

①ロフトなりに立って左足に体重をかける。②キャリーとランを決めて、ロフトを決める。このとき速いグリーンの場合はロフトを立てるが、重いグリーンの場合はクラブを替えた方が楽。③重いグリーンの場合は卓球のドライブのようにインサイド・アウトで包み込むようにして打つ。するとフック回転がかかって転がりがよくなる。

左足上がりの傾斜からのアプローチ

（近くのピンに向けて落として止める場合は、傾斜なりに立って打つ）

か

①傾斜なりに立つとロフトが本来の番手以上に上を向くので、クラブを持ち替えるか、振り幅を大きくする。②上半身だけのボディーターンで傾斜なりに振る。このとき手が前に出やすくなるので、「ハンドバック」を意識する。③パッティングのイメージでヘッドを先に出せば「ポッコン、トロトロ」というイメージで落ちてから止まる。

次に、ピンが近い場合に選択する「落として止める打ち方」を解説します（180ページ写真か）。まず左足上がりの傾斜に逆らわず、傾斜なりに立ちます。傾斜なりに立つと、ロフトが本来の番手以上に上を向くのでボールが上がる分、ランが減ります。そこで、クラブを持ち替えるか振り幅を大きくして距離を調整します。また、傾斜なりに立ってスイングすると、手が前に出やすくなるので、このときにひざを送ってハンドファーストにしてしまうとボールはうまく上がりません。常に「ハンドバック」を意識して打つようにしましょう。基本的には、落としたいところを狙って、手首や下半身を使わず、上半身だけのボディーターンで打つ「S1」のスイングに変わりはありません。フォローのときにはクラブをしゃくり上げず、傾斜なりに振りましょう。そうすれば、ボールは自然に上がっていきます。パッティングに近い要領でヘッドを先に出せば「ポッコン、トロトロ」というイメージのキャリーとランになります。ボールがラフにあったりピンまでやや距離があったりするときも、傾斜なりに大きくゆったりヘッドを出すようにスイングします。逆にフェアウェイでピンが近いときは、179〜180ページの打ち方で転がすのも手です。前述の通り「落として止める打ち方」の方が難しいので、花道などライが良いときはなるべく転がす打ち方を選択しましょう。

【傾斜からのアプローチ】その2

つま先上がりの傾斜

「つま先上がりの傾斜」では、普通にクラブを持って振ると、足下よりボールが高い位置にあるのでダフります。そこで、傾斜が強く、前が上がっていれば上がっているほど、クラブを短く持ちます。クラブを短く持った場合、フェイス面が左を向くのでそのままだとフックしやすくなります。しかも、この状態でまっすぐに打とうとすると、ザックリやシャンクが起きます。そこで、フックする分、右にアドレスしましょう。

ピンが遠くにある場合は、ボールを右に置き「S1」でロフトを立て気味にして振ります。そうすると転がりやすい低いフックになり、ランが出やすくなります。このときフェイスを右に向けてしまうとザックリでシャンクするので、フェイスはまっすぐに向けましょう。また、ピンがさらに遠い場合はランを増やせるようにクラブを持ち替えるといいでしょう。

ただし、ピンが近くにある場合は、ボールが止まるようにフェイスを右に開いてスピンを入れます。このときは、あえてダフるところでクラブを左に振るようにします。すると、結果として、ボールにスピンがかかるのです。フェイスを右に開いた場合には、必ずダフるところで左に振るのを忘れないようにしましょう。

つま先上がりの傾斜からのアプローチ

き

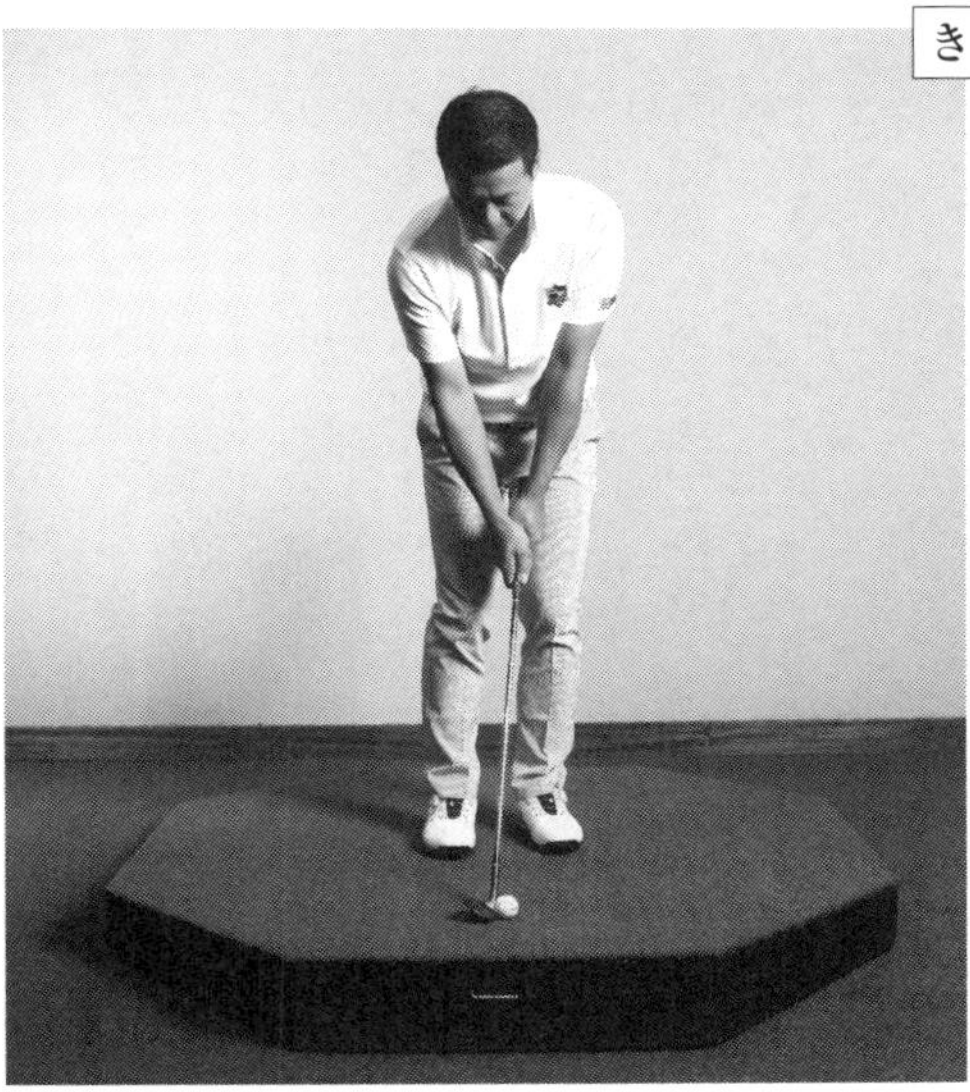

遠くのピンに転がしたいとき

①前が上がっていれば上がっているほど、クラブを短く持つ。するとフェイスが左を向くので、アドレスを右に向ける。②フックさせるぐらいのイメージでヘッドを左に振る。③ピンがさらに遠い場合はクラブを持ち替えるか、ロフトを変えてキャリーとランを伸ばす。

近くのピンに止めたいとき

①前が上がっていれば上がっているほど、クラブを短く持つ。するとフェイスが左を向くので、アドレスを右に向ける。そこからさらにフェイスを右に開く。②ダフる場所を狙い左に振るようにする。すると、そのインパクトがずれてボールにスピンがかかる。

【傾斜からのアプローチ】その3

左足下がりの傾斜

左足下がりの傾斜は、ほとんどの人が苦手にしています。その理由はボールの後ろ側が高くなっているためボールに芯が当たりづらいからです。しかし、その問題を処理しておけば、それほど難しいショットではありません。

まずはボールの横で、傾斜具合を確認しながら素振りをしてみましょう。すると、ボールの後ろ側が高いため、いつもよりもボールの手前でヘッドが着地してしまうことがわかるはずです。そこで、ボールの位置を少し右側になるようにして、傾斜なりに立ちます。

最初はピンが遠い場合の振り方です。バックスイングでクラブヘッドをまっすぐ上にあげて、ダウンスイングでヘッドから先に左下に振るイメージで打てば、ロフトが自然に立ってボールは低く出てまっすぐ転がっていきます。左下に振ったのに、なぜフックにならないのか？　それは傾斜によって身体が前方にやや突っ込んだ状態だからです。身体が前に突っ込むと本来スライスしやすいのですが、左下に振ることでそれが相殺されて、「ツッツッ、トロトロ」と最初はスピンがかかって、そこから転がるボールになります。このときになるべく小さく持って小さく構えた方がヘッドを振れます。

ピンが近い場合も打ち方の基本は同じです。ただし、フェイスを右に開いた状態にしましょう。フェイスを右に開いてからクラブをまっすぐ上げ、左下に振ります。すると、130ページで解説したように、フェイスの溝とボールが斜めに長く接します。それにより、さらにスピンがかかって、上がりやすく止まりやすい球になります。

左足下がりの傾斜からのアプローチ

く

遠くのピンに転がしたいとき

①素振りでヘッドの着地具合を確認する。②「S1」のアドレスでフェイスをまっすぐにする。左下に向けてクラブを傾斜なりに振り下ろす。③スイング時に身体が前方に引っ張られる力と相殺され、ボールはまっすぐ飛ぶ。落ちたあとはスピンがかかりながら転がる。

近くのピンに止めたいとき

①素振りでヘッドの着地具合を確認する。②「S1」のアドレスからフェイスを右に開いた状態にする。まっすぐにクラブを上げて、左下に向けてクラブを振り下ろす。③よりスピンがかかって、上がりやすくて止まりやすい球になる。

【傾斜からのアプローチ】その4

つま先下がりの傾斜

最後につま先下がりの傾斜のアプローチを解説します。この傾斜で普通に構えると、クラブのソールが地面と水平にならず、ライ角が合いません。ライ角が合わないまま打つと傾斜の上からクラブを打ち込む形になり、ザックリしやすいうえに、左右にチョロが出たりします。

これを防ぐにはライ角を合わせればいいのです。ライ角を合わせるには必然的に、ボールに近づいて構える形になり、「S1」よりもランニングアプローチやパットアプローチに近い姿勢となります（120ページ参照）。ここで、これまで積み重ねてきた基本が生きてくるわけです。後は肩だけのストロークでランニングアプローチをするだけです。ランニングアプローチは「S1」よりも簡単なアプローチなので、安定性も高まります。もっと保険をかけるのなら、さらに安全なパットアプローチで打ちましょう。クラブやロフトを変えれば、距離は合うはずです。

また、ピンが近くてボールを止めたい場合でも同じです。ランニングアプローチでクラブやロフトを変えて落としどころを調整しましょう。この傾斜は基本的に飛びにくい傾斜なので、クラブやロフトを変えていけば十分止まります。もっと止めたいときはパットアプローチにすればよいのです。

つま先下がりの傾斜からのアプローチ

け

遠くのピンに転がしたいとき

①ライ角を合わせるため、ボールに近づいて構える。すると手元が浮いて、ランニングアプローチやパットアプローチに近い姿勢になる。②ランニングアプローチやパットアプローチで、肩のストロークだけでボールを打つ。③距離が合わないときは、クラブやロフトを変えてキャリーとランを変える。

近くのピンに止めたいとき

①ライ角を合わせるため、ボールに近づいて構える。すると手元が浮いて、ランニングアプローチやパットアプローチに近い姿勢になる。②ランニングアプローチやパットアプローチで、肩のストロークだけでボールを打つ。③この傾斜は基本的に飛びにくい傾斜なので、クラブやロフトを変えれば十分止まりやすい球が打てる。

ラフに潜った球を打つために「もっとダフれ！」

ここからは、ラフからのアプローチについて解説していきます。

プロはラフに入ることを嫌います。それは自分の計算が狂うからです。ゴルフはとても繊細なスポーツで、クラブフェイスの溝とボールのディンプルの間に芝が1本入っただけで、スピン量が変わってしまいます。スピン量が変われば、ボールの飛び方や転がりも変わります。こうして、いつもより飛んだり飛ばなかったり、止まったり止まらなかったりします。いつもの感覚で計算できなくなる、この状況をプロは嫌うのです。

ところが、アマチュアの中には「ラフの方が打ちやすい」という人がいます。確かに、日本のラフは海外のコースよりも浅く、ボールがラフの芝の上に浮いた状態になっていることが多いのです。すると、ボールをしゃくり上げるような打ち方をする人は、フェアウェイよりもむしろボールをとらえやすくなるのです。ただし、そういう人は距離が合いません。ラフからどの方向にどう落とすかを考えず、ただ単純に「打ちやすい」と感じているだけです。これでスコアがよくなるはずがありません。

それでは、ボールがラフにあるときは、どう打てばよいのでしょうか。その答えは「もっとダフれ!」です(190~191ページ写真①~④参照)。ボールが隠れている分、クラブをもっと手前のダフるところに入れないと、きちんとボールの芯に当たらないからです。このとき重いクラブの方が抵抗に負けずにスパッと抜けます。すると、ボールはきちんと上がって止まります。プロのウェッジを見てください。女子プロでもウェッジ2本は重いクラブを使っています。軽いクラブでは手元が走りすぎて先行し、ヘッドが走りません。すると、抵抗に負け、引っかかったり開いて飛ばなかったりします。

ラフからのアプローチのとき、「上から打ち込め」とアドバイスする人がいます。強く打てば確かにボールは出ますが、距離が合いません。しかも上から打ち込もうとすると、ヘッドより先に自分の手が前に出てザックリしたり、ボールの上をたたいたりします(190~191ページ下段写真①~④参照)。プロはあえてダフるところへ重いクラブを落とすので、ヘッドが先に走ってボールの芯に近付きます。つまり、クラブを「打ち込んだ」のではなく、ダフるようにスイングした結果、クラブが「打ち込まれた」ように見えるだけです。その結果だけを見て「プロのように」やろうとしてもダメです。

ラフのときは「打ち込め」ではなく「もっとダフれ!」が正解です。

③

「もっとダフれ!」を意識して、いつもよりボールの手前にクラブを落とし、ソールを滑らせる。周りの芝ごとボールを飛ばす感覚で、フェイスの芯でボールを打つ。

④

ボールをしゃくり上げようとせず、自然な形で振り抜く。

③

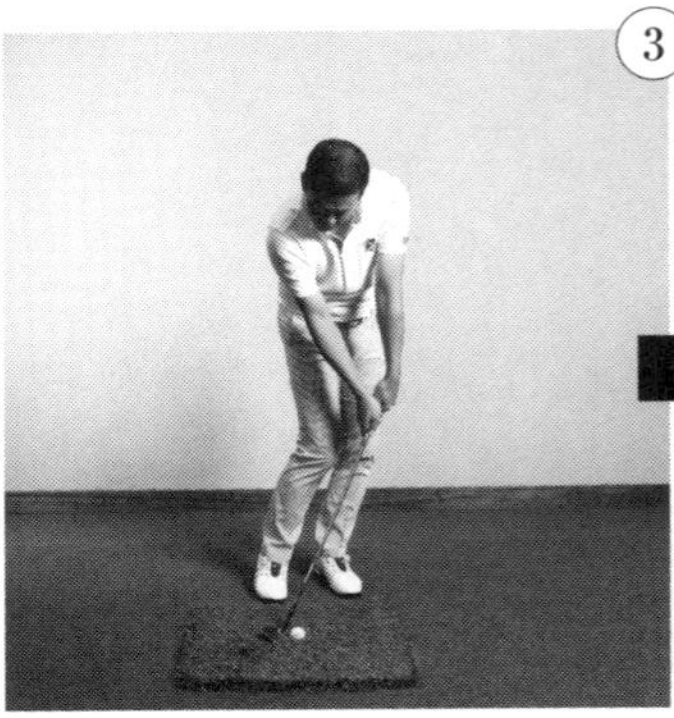

ひざを前方に送ってハンドファーストとなっている。手がボールよりも先に出ているため、十分な力がボールに伝わらない。

④

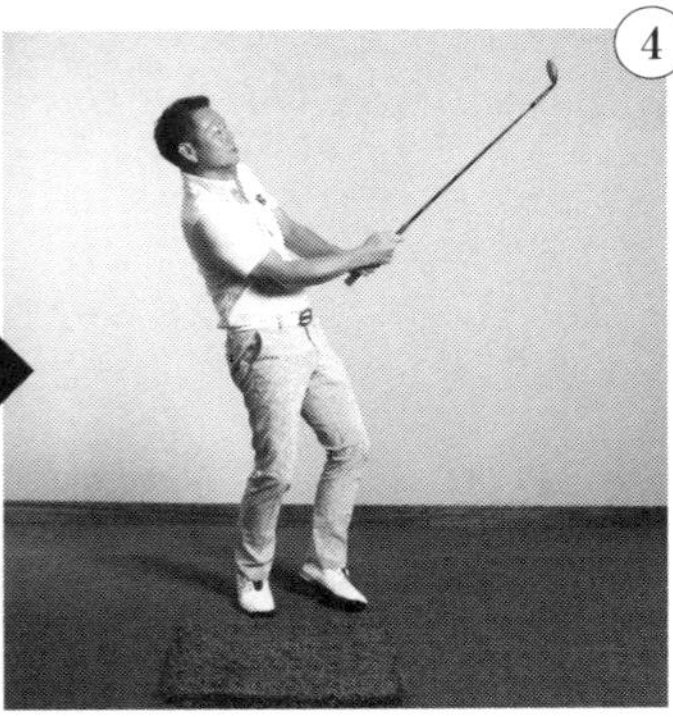

しゃくり上げようという意識が強すぎて、完全に身体の軸がぶれてしまう。

ラフからの正しいストローク

いつもよりボールの手前にクラブを置いてアドレスする。シャフトを少し傾けて、グリップエンドが左足の付け根を指すようにする。

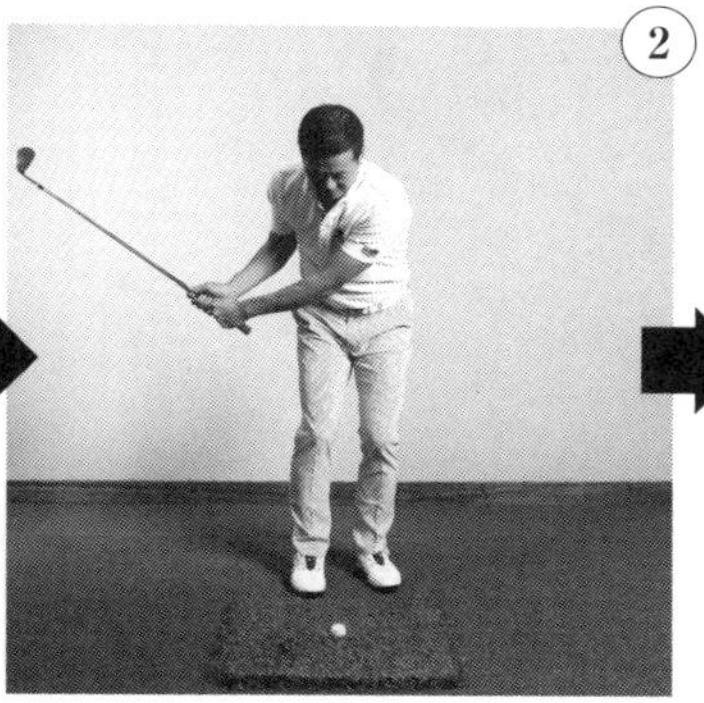

上半身を回転させてクラブを上げるが、リーディングエッジがボールの下に入りやすくなるよう、右手が左手を追いこすように少し手首を使う。

ラフからの悪いストローク

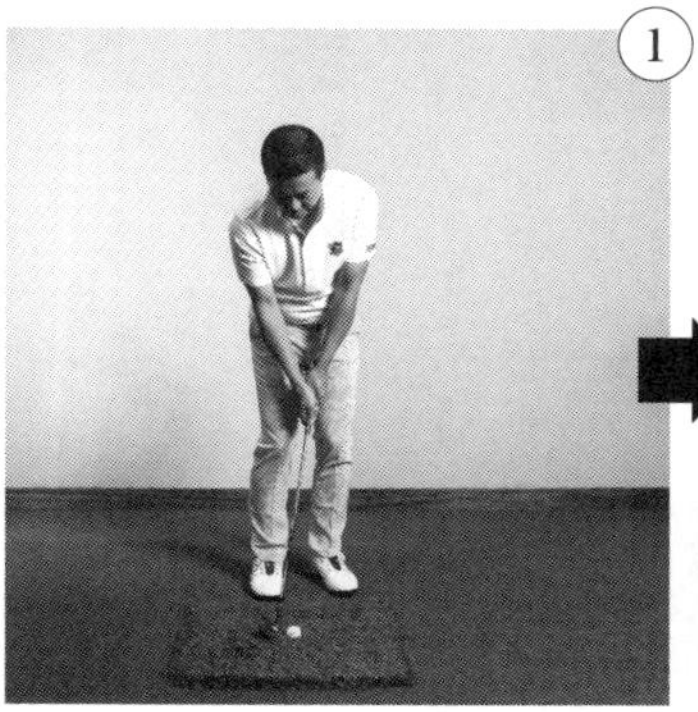

アドレスは正しいストロークと変わらない形でも、意識しすぎると、この後のストロークの形が変わってくる。

「上から打ち込め」という言葉につられて、ボールを上からたたく姿勢になる。必要以上に前かがみとなり、身体の軸もクラブの位置とは逆の方向へ傾いている。

コラム ④

「正しいダフリ」と「悪いダフリ」の違い

普段のレッスンでもそうですが、この本では世の中では悪いとされている「ダフれ!」という言葉をアドバイスとして使ってきました。しかし、「クォーター理論」で教えている「ダフリ」と、通常みなさんがやってしまう「ダフリ」には違いがあります。それはバンスを滑らす「ダフリ」か、リーディングエッジから先に入る「ダフリ」かの違いです。

「クォーター理論」での「ダフリ」ではヘッドは円を描きながら、ボールの手前に着地し、バンスを滑らせてボールに近づいていきます。これによりフェイスの芯にボールを当てることができ、ボールが正しく飛んでいきます。しかし、みなさんの「ダフリ」は手が先行してリーディングエッジが突っかかるように着地しています。するとボールの手前が掘れるだけで、フェイスの芯にボールが正しく当たりません。これは、いわゆるザックリの状態で、「クォーター理論」での正しい「ダフリ」とは違います。ボールの手前にクラブが着地するために「ダフれ!」という意識は大切ですが、このときバンスを滑らした正しい「ダフリ」にしなければ意味がありません。

「クォーター理論」の正しい「ダフり」

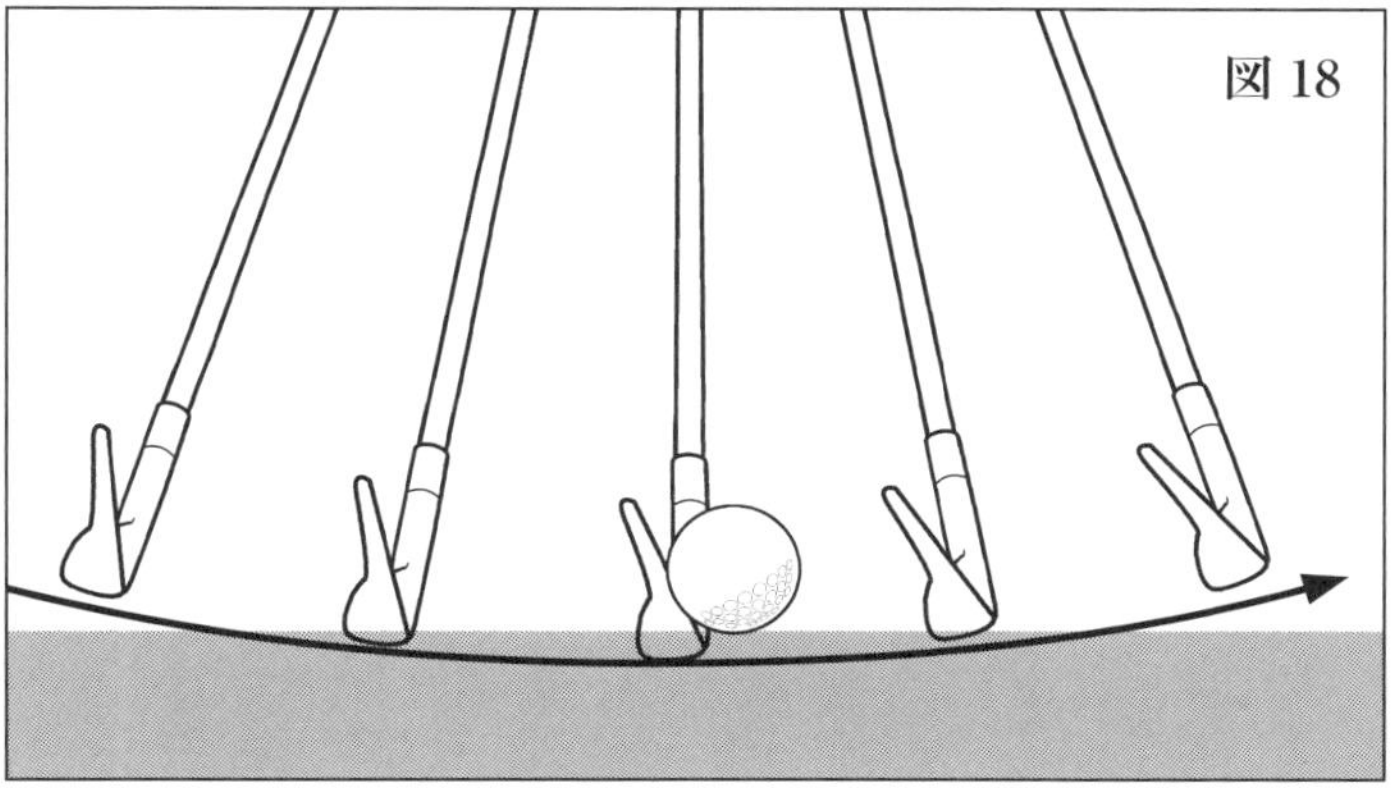

クラブヘッドが円を描きながらボールの手前に着地した後、バンスを滑らせてボールに近付く。リーディングエッジがきれいにボールの下に入り、ボールが芯に当たる。

悪い「ダフり」

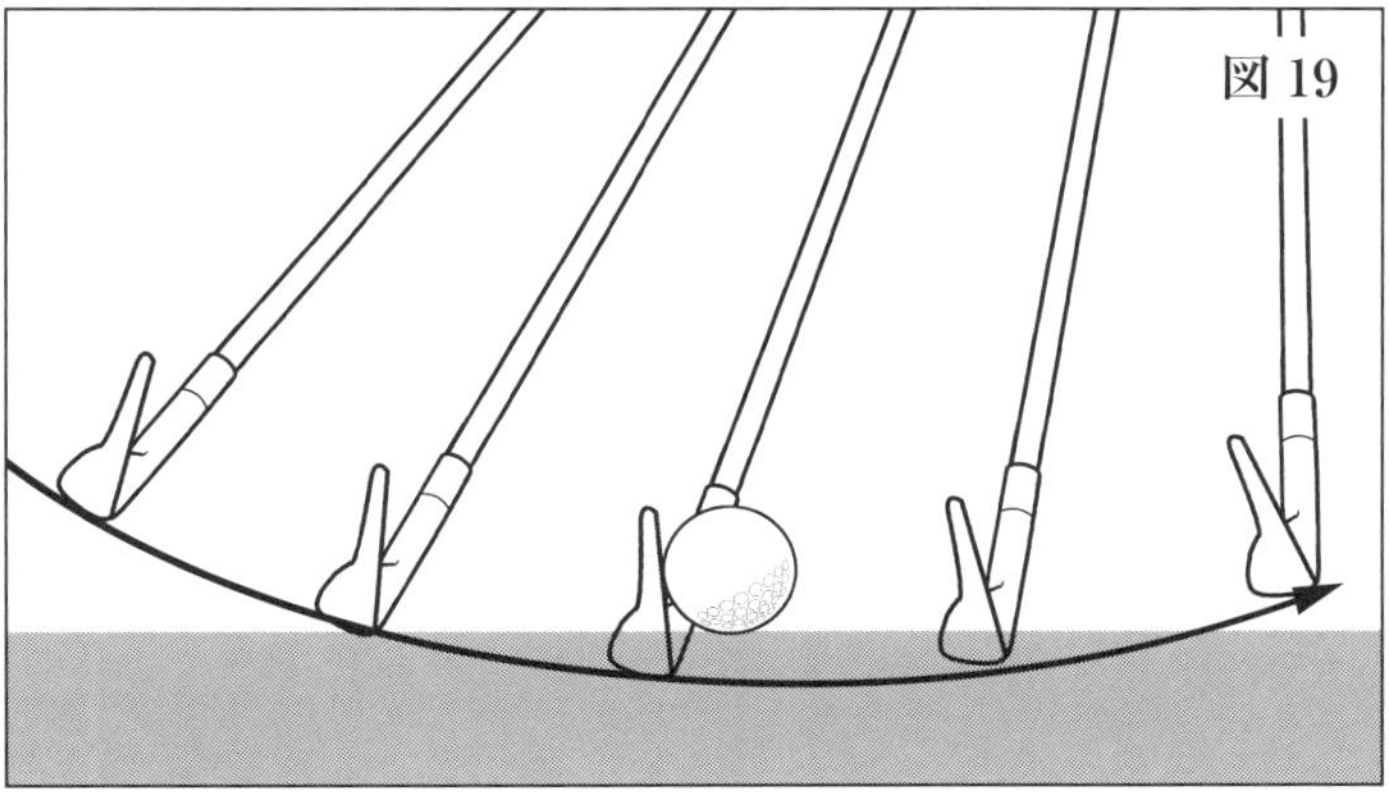

ボールの手前に急角度でリーディングエッジが着地する。バンスが滑らず、リーディングエッジが引きずられる形でボールに近づく。ボールの芯にうまく当たらない。

だからプロはウェッジを買うとき、必ずバンスの削りを確かめています。プロがサンドウェッジでアプローチするのは、もちろんグリーンが硬くて速いからですが、バンスを滑らせて芯でボールを打つためでもあるのです。プロの超スーパースローを見ると、ボールの10センチ手前からクラブが入っていることがわかります。つまり、プロだからこそダフっているし、ダフる前提でクラブを選んでいるのです。

ショートホールを考えてみてください。ショートホールのティーショットでアイアンを使うときにもボールはティーアップします。ティーアップしたとき、リーディングエッジを直接ボールに当てようとしますか？　リーディングエッジはボールよりも下に入るようにしますよね。ティーアップしていると、ボールと地面の間に空間があるから、ボールの下にリーディングエッジが入りやすく芯に当たりやすくなるんです。では、なぜフェアウェイに行くと、ボールを直接打ちにいくのでしょう。ティーアップしていない分、ダフらなければ芯には直接当たりません。

「ダフれ！」はプロでもやってる当たり前のことなのです。

第5章

どう考え？　どう攻める？
アプローチの実践と応用のカギ

夢や希望は叶いません！ 結果から「逆算」して予定にしましょう

第2章と第3章では各アプローチの基本、第4章では傾斜やラフからのアプローチを解説しました。しかし、本書で紹介した、これらの知識や技術を実際のコースで実践するには、まだ足りないものがあります。

コースに出れば、傾斜やラフ以外にも考慮すべき様々な状況があります。この章では、それらの状況の処理の仕方や考え方について紹介していきます。こうした頭の中での情報処理が、コースに出たときに具体的な技術以上に役立つケースは数多くあります。ここからは身体を使わずに、そんな頭のトレーニングをしていきましょう。

それでは、まず「逆算する」ということについて解説します。

あるプロに「この距離のアプローチはどうするんですか？」と聞いたとします。すると、「こんな感じで」とやってみせてくれます。プロは小さいときから毎日、練習してきているので、その状況に合った打ち方が自然に身体で表現できるからです。でも、これは身体が覚えて反応しているだけであって、頭で理解しているわけではないことがとても多いです。自分がやってみせたこと、そこで起きている現象をうまく言葉で説明できないんです。質問した側は明確な答えを待っているはずなのに、「こんな感じ」ではわかりません。

そこで僕がとても良いヒントをお教えします。まず大事なのが「逆算する」という考え方です。例えば、あなたが今、小学生で「プロ野球選手になりたい」という夢を持っているとしましょう。それならば、まず、その「プロ野球選手」という「結果」から逆算して考えていきます。プロになる一歩手前の大学生のときは何部に入っているべきでしょう？　もちろん野球部ですね。それでは、そこからまた一つ手前の高校時代は何をしていますか？　甲子園を目指して強豪校で野球をしていた方がいいでしょう。その前の中学校時代はどうでしょうか？　地域の大会を勝ち抜く野球部やシニアチームで活躍するのがベストかもしれません。だったら小学生の今は何をすべきでしょうか？　このように逆算して考えることで、今やるべき答えが見えてくるのです。

ただ漠然と夢や希望を抱いたり、父親から「素振りをしろ」「ランニングしろ」と言われるだけだったりでは、なかなかやる気は起きません。「プロ野球選手」という「結果」から、逆算して今どうあるべきかという具体的な「目標」が見えた結果、それには「素振りやランニングが必要だ」と理解できるのです。

では、ゴルフにおいての「逆算」の仕方です。まずは、ピンの位置を確認しましょう。そして「あそこに止めたい」と止める場所を決めます。そのためには「これだけ転がして、あの位置に落とせばいい」とキャリーとランの比率を考えます。そのときキャリーとランの比率が1対2になるのであれば、1対2になるロフトやクラブに持ち替えます。そして最後にキャリーの1を出すための打ち方と振り幅を選択します。第2章と第3章で紹介したアプローチの中からどのアプローチを選び、どのくらいの振り幅にすればキャリーが1になるかを考えるのです。その選択ができたら、あとはその振り幅で落としたい場所に落とすだけです。基本の振り方がしっかりと身についていれば、きちんと結果が出るはずです。

ところが、結果が出せずに悩んでいる世の中のゴルファーはこの「逆算」をしていません。ほとんどの人が「あのピンに向かって、まっすぐ上げて飛ばしてやろう」としか考えていないのです。「寄せたい」という希望だけでやっているから、結果が出ないのです。希望や夢は叶いません。しっかりと目標を設定して準備をし、希望や夢ではなく、「予定」にしないといけないのです。

情報を「処理する順番」を知って打ち方をシンプルに選択できるようにする

カップに届くまでの過程を「逆算」し、アプローチを選ぶ考え方はわかったと思います。さて次に、気を付けて欲しいのは、ボールを打つときに目から入れた情報を「処理する順番」です。打つときに必要な情報を「処理する順番」は、パターであろうとドライバーであろうと、いつも同じで、次の三つのことを順序よく行っていきます。

一つ目はボールの状況を確認することです。ボールがある場所を見て「傾斜はどうなっているか？」、「フェアウェイかラフか？」、「芝は順目か逆目か？」、そうした点を確認するのです。プロはラウンド中、絶えず、これを行っています。遠くから歩いているときでも、なんとなく傾斜の状況を確認しています。傾斜は近くに行ってしまうとわからない場合があるので、話しながら歩いていても、ボールがあるあたりはどんな傾斜になっているのかを見ているのです。それからボールのある場所に近づいてラフや周囲の状況を確認します。このとき、ボールの状況によって適したアプローチは次の表のように変化します。

ボールの状況に合うショートアプローチの早見表

芝の状況	パットアプローチ	ランニングアプローチ	「S1」のアプローチ
順目・浮いている	○	◎	△
逆目	◎	×	○
順目・ラフ	◎	○	◎
逆目・ラフ	◎	△	◎
薄い・寝ている	◎	△	○

傾斜の状況	パットアプローチ	ランニングアプローチ	「S1」のアプローチ
つま先上がり	△	○	◎
左足上がり	○	◎	◎
つま先下がり	◎	◎	△
左足下がり	△	△	◎

◎＝最適、○＝適している、△＝そこそこ適している、×＝適していない

※この表で表しているのは、比較的グリーンに近い場所にボールがあるときの選択肢。キャリーが30ヤード前後と、遠い位置からのアプローチで使用する「S2」のアプローチはグリーンに近い場所には適さない。

二つ目は目標の確認です。これは前項でも言いましたが、目標をきちんと設定しておかなければ、やるべきことが見えてきません。そこでピンの位置をもう一度しっかりと確認しておくのです。また、それと同時にピンの周辺のグリーンの状況についても確認しておきましょう。

三つ目は打球イメージの想定です。これも先ほどの項目で述べた「逆算」とほぼ同じ手順で行います。しかし、そこにボールの周囲やグリーンの状況といった情報を加えて、ボールがどうなるかをより具体的にイメージするのです。「どこに落としてどれだけ転がせば効率よく寄せられるか？」、そのイメージを持つと、選択すべき打ち方が変わってきます。例えば、「順目で転がりがいいのでPのランニングアプローチで打てば1対3になる」と判断したとします。しかし、そのときにボールが少し埋まっていたら、「『S1』を使って芝生ごと打った方が確実だな。それなら打ち方を『S1』に変更しよう」とか、「でもサンドで『S1』をやると比率が1対1になってしまうから、1対3になるようAに持ち替えよう」というような思考のサイクルです。こうして次のショットをより具体化していくのです。「逆算」してキャリーとランや打ち方を選択するのは変わりませんが、ボールやグリーンの状況から描いた具体的なイメージに基づいて、その選択肢を変えていくべきなのです。

以上が、ボールを打つときに必要な情報を「処理する順番」です。プロがプレーするときは、ほとんど意識することなく、この処理を順番に行っているので、次のショットに移るまでがすごくシンプルでスムーズなんです。ところが、キャリアの浅い人はこれが1打ごとにバラバラです。毎回時間をかけて迷って迷って、その挙げ句に失敗します。まずは「パッとボールの状況を見る」➡「ピンとグリーンの状況を見る」➡「どんな球になるかイメージする」という順番を身に付けましょう。その後は「キャリーとランの比率が何対何ならこのロフトかこのクラブ」と決まっているはずなので、落としどころを見て素振りをして、振り幅を決定して打つ。ただこれだけのことです。シンプルなんです。

これは、プロはうまいからそういう処理が順番にできるわけではなく、正しい「処理の順番」を知ったからこそうまくなったんです。「プロのように」を目指して、技術をまねしようとしても身体が追い付きません。むしろ、こうした考え方こそ、まねすべきだと思いませんか?

素振りでもそうです。下手な人は顔を下に向けて素振りをします。これではどこに落とすべきかがわかりません。そして、打つ瞬間に「あそこに寄せたい」とピンの方を向いてヘッドアップします。プロは落としどころを見て素振りをして、打つ瞬間は下を向いています。成功者と失敗者では思考や行動パターンが違うのです。

アプローチする前に処理する順番

ボールの状況

【傾斜】	【芝】
左足上がりか?	フェアウェイか?
つま先上がりか?	ラフか?
左足下がりか?	順目か?
つま先下がりか?	逆目か?

↓

目標の確認

【ピンの位置】	【グリーンの状況】
遠いか?	フックか?
近いか?	スライスか?

↓

イメージする

キャリーとランは何対何にすべきか?
どのロフトを選択すべきか?
どのアプローチを選択すべきか?

↓

素振りをして振り幅を決定して打つ

プロは「S1」や「S2」を意識しません
コースでは簡単なアプローチから選ぶこと

実は僕がコースに出たときは、ほとんど「S1」は使いません。「S1」はグリーンが速いときやボールを上げたり止めたいときに最も適した打ち方だからです。普通のコースはグリーンが重いところが多いので、「S1」のアプローチをする状況はあまりないのです。でも、生徒さんたちとラウンドに出ると、みんな「S1」をしたがります。そこで僕は「なんで僕でもめったに使わない『S1』を選ぶんですか？」と聞くんです。すると生徒さんは「だって桑田さんは『S1』をちゃんとやれって、いつも言ってるじゃないですか」と答えるんですね。それはその通りです。この本でも「S1」のアプローチについて詳しく解説しました。でも、それは目的があるからです。その生徒さんもそうですが、ほとんどの人は、フルスイングがダメだから自分のスイングを改善しようとしています。だから僕は「S1」ができるように教えているんです。なぜなら「S1」の動きの中に、フルスイングの答えの土台が入っているからです。正しいフルスイングのためにあえて「S1」をするよう指導しているんです。そこが目的であって、「S1」をすること自体が目的ではないのです。

本書でもパッティングの練習から始めて、アプローチは簡単なものから紹介してきました。パットアプローチ➡ランニングアプローチ➡「S1」のアプローチと、ボールから離れれば離れるほど、難易度の高いアプローチとなります。だったら、コースに出たときは簡単なパットアプローチから順に選択していくべきです。それなのになんで「S1」をいきなり選ぼうとするんですか？

「S1」はあくまでフルスイングをするための土台作りです。ただ、アマチュアでも上げて止める難しい打ち方を練習しておけば、コースに行ったときに随分と楽になります。高いレベルでもまれている方が上達しやすいからです。簡単なアプローチばかりでもそれで通用すればいいですが、バンカー越えなどで上げて止めなくてはいけない状況になったらどうしますか？　フルスイングの土台を練習すると同時に、そうしたときの選択肢として「S1」を用意しているのです。

コースに行ったら、まずは楽しみながらプレーしましょう。わざと難しいことをする必要はありません。簡単で確実性の高い打ち方を選んでプレーし、スコアを少しでも縮めていきましょう。

実はプロでもアプローチのスイングを「S1」や「S2」などと意識的に分けてやっている人はほとんどいません。ピンの位置を確認しながら素振りをして、自然に「S1」の形を取っています。そこからもっと遠い場合は、もう少し足のリズムを入れた結果、「S2」の形になっていきます。素振りをしながら勝手に要素を足していってるんです。でも、経験の少ないアマチュアにはその感覚がつかめないので、一つずつ分解して解説しているわけです。

ここまで各アプローチの形作りとコースでの活用の仕方を解説してきました。それらを頭で理解できたら、今度は自分自身で練習を重ねていくだけです。

技術練習の仕上げとして、自分のアプローチの形を固めていくのに最適な二つの練習方法を紹介します(207ページ図参照)。まずはピンから徐々に自分が離れていき、振り幅を変えてキャリーを変えていく練習です。それから二つ目は自分が立つ位置は変えずに目標をあちこちに変えて打つ練習です。こうすることで風景の変化に惑わされずに、いつも決まった形で打てるようになります。これがコースでの結果を出すために役立ちます。

アプローチの形を固めるための二つの練習方法

ピンから徐々に離れていき、振り幅を変えてキャリーを変える。

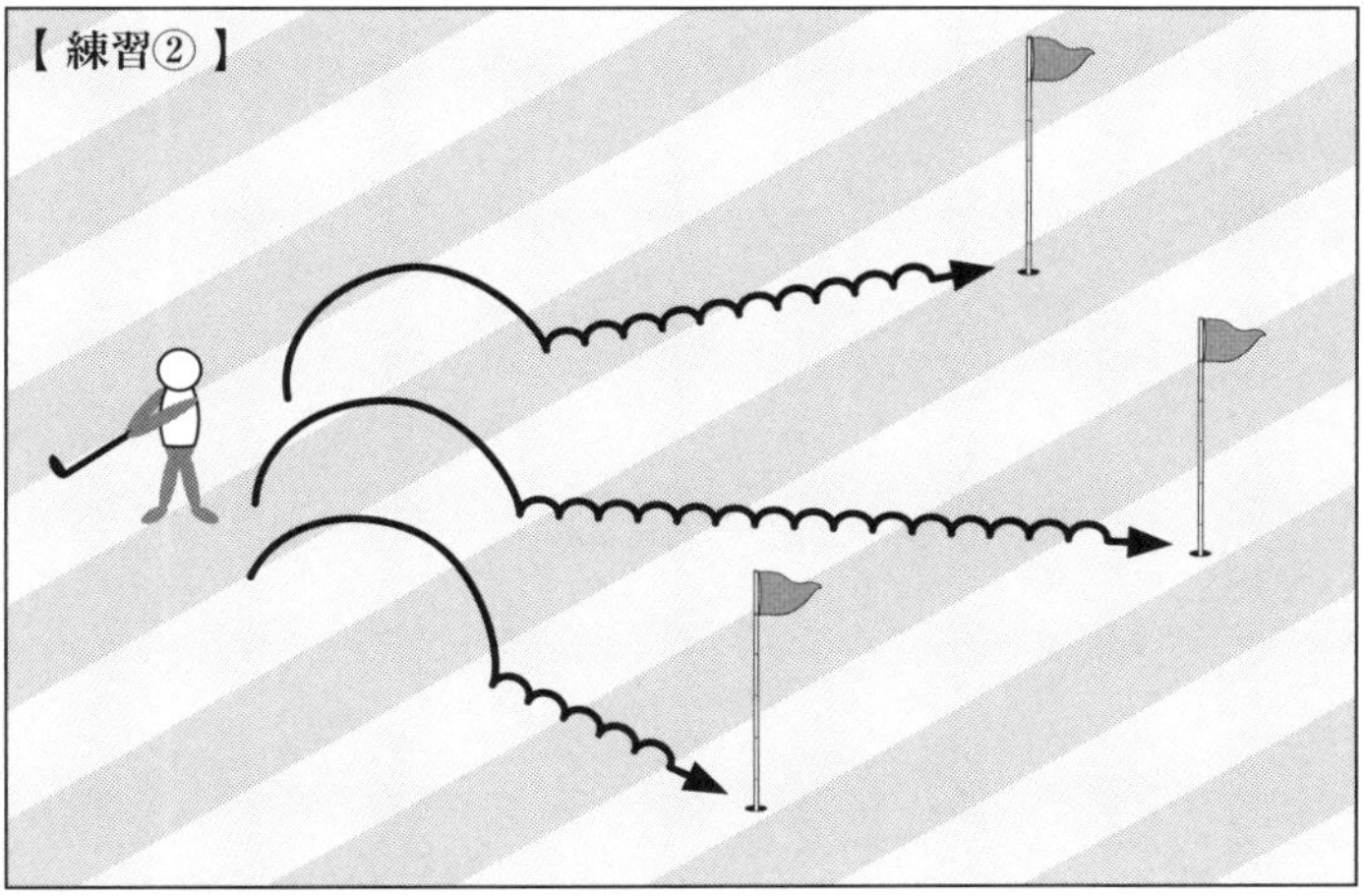

自分の立つ位置は変えず、目標をあちこちに変えていく。

イメージと結果はずれています 逆のことをやらないと直りませんよ

ゴルフでは「プラス、マイナス」という考え方が大事です。オーバーやアンダーも「プラス、マイナス」で計算した結果です。ボールを打つときもそうです。プロがボールをまっすぐ飛ばせるのは、ボールに働く力が左右で「プラス、マイナス0」で釣り合っているからです。だから右にスライスしたり左にフックしたりしないのです。

そこで、例えばどうしてもスライスしてしまうアマチュアがいるとします。仮にそのスライスの程度を「マイナス10」としましょう。スライスが「マイナス10」だったから、次はまっすぐ飛ばそうとして、プロのように「プラマイ0」をイメージして打ってみます。さて、結果はどうなるでしょうか。スライスが「マイナス10」の人がプロの「プラマイ0」をまねするわけですから、「マイナス10＋0＝マイナス10」でやはりスライスの「マイナス10」になります。つまり、イメージは「プラマイ0」でも結果は「マイナス10」のままです。イメージと結果は違うんです。若くて練習量も多いプロはイメージと結果が「プラマイ0」で符合します。ところが、歳を取ったり、技術がなかったり、練習量が少なかったりすると、イメージと結果はずれていきます。まっすぐ打とうとしても、体力や伝達力が遅れているからスライスするわけです。それならば、逆のイメージを持てばどうでしょう。「マイナス10」スライスするんだったら、「0」（まっすぐ）ではなく『プラス10』左に打とう」と思うわけです。すると、左右の「マイナス10」と「プラス10」が相殺されて「0」（まっすぐ）という結果が出ます。ところが、世の中の多くの本や映像はひたすら「プロのように『0』を目指しなさい」と言っています。「マイナス10」の人が「0」をしても良い結果にはたどり着けないのにもかかわらず、そう言うのです。本当は「マイナス10」の人は「プラス10」を意識しなくてはいけません。これこそが「クォーター理論」の考え方なのです。ただし、誰でも逆の「プラス10」をやればよくなるわけではありません。「マイナス50」スライスする人に逆の「プラス10」をやるように教えても、まだ「マイナス40」スライスしてしまいます。「マイナス50」スライスする人にはもっと逆のおかしなイメージの「プラス50」を教えなくてはならないのです。ですから、この本で紹介したやり方がすべての人に当てはまるわけではありません。そこには個人差があるので、それぞれに適したやり方や程度があるわけです。

アプローチは1打ごとが一発勝負！たとえ失敗してもその経験を蓄積することが大事

これまで解説してきたように、コースに出ると環境によってボールやグリーンの状況は様々に変化します。まったく同じ状況で打つことは、ほとんどないと言ってもいいかもしれません。自分が得た経験の中で似たような状況を思い出して、自分の選ぶべき打ち方を選択していくのです。

コース上でのアプローチは、1打1打が常に一発勝負です。なかなか1回でうまくいくことはありません。しかし、ミスしたことも大事な経験でムダにはなりません。「この状況ではこう失敗するんだな。じゃあ、次のホールではこれを試してみよう」と思う気持ちが大切です。そこで「なんで結果が出ないんだ」とイライラしていると、次のホールでも良いプレーにつながりませんし、何よりもせっかくコースに出ているのに楽しくないです。

「明日のために今日を捨てる」という考え方もあります。たとえ失敗したとしても、このやり方では成功しないという新しい発見や確認ができたと思いましょう。そうすれば、それは失敗ではありません。成功したときも失敗したときも、その経験を蓄積することによって、ゴルフはどんどん上達していきます。

人間には学習する能力があるはずです。日々の練習でも同じように成功と失敗の蓄積から学んでいきましょう。

目から入った情報をきちんと処理しましょう それができないと日々変わる状況に対応できません

ゴルフのレッスンでは、先生からのアドバイスを聞いて練習します。つまり、耳から入った情報を頭の中で処理して、自分の身体を動かし、ゴルフクラブをコントロールするわけです。しかし、コースでは他人がアドバイスしたら違反になるので、自分の目から入った情報を基にプレーします。

だから、プロはショットするときにボールの状況とピンまでの状況を見て、目から情報を入れながらどうするかを考えて素振りをするのです。ところが、下手な人は下を向いてピンにまっすぐ打とうと素振りをします。こうした違いは、ボールと向き合うときの考え方にも出てきます。

ボールを打つとき、下手な人はフェアウェイにまっすぐ構えて「まっすぐ飛ばそう」と思って打っています。でもプロはそんなことを思っていません。例えば、左手が法《のり》面《めん》（盛り土や切り土で作られた斜面）で右手が崖だったとします。その光景を目に入れたとき、プロは「これは身体が勝手に反応してスライスするな」と考えています。いくらプロでも人間である以上、見た光景に反応してしまうんです。崖に落とすのは怖いので、なるべく高い位置に打ちたいから左の方に振ろうと思います。ところが、そうするとカット気味のスイングになって、ボールは逆に崖の方にスライスして飛んでいくんです。そこで、「フックの要素を強くして打とう」とか、「左の法面の方に身体を向けて打とう」とか、スライスすることを前提にして対策を立てるのです。ゴルフがうまい人はこうして目から入れた情報を上手に処理しながら打っています。

実はこれがゴルフのおもしろさでもあるんです。ゴルフはとてもメンタルに左右されるスポーツです。カップを切る位置を変えるときも、必ず人間のメンタルを考えながら位置を決めています。グリーンを狙ったときに見えるバンカーや池の位置関係を確認し、プレーヤーの視界にそれらが映ったとき、どの位置にカップを切れば簡単になり、どの位置にカップを切れば難しくなるかを考えているのです。そのことを知らないアマチュアは「よし、いつも通りピンを狙おう」とボールを打ち、無意識に身体が反応した結果、バンカーや池に打ち込んでしまいます。何も考えずに打っておいて、「おかしいな。昨日はバーディーだったのに今日はダボだよ」とぼやきます。でも、ゴルフコースが毎日状況を変えているわけだから、それは当たり前のことなのです。

毎日カップを切る位置を変えるのは、日によって違う状況を作り出すためです。コースは同じでもカップの位置が変われば、打つ側の対処の仕方は変わってきます。僕らはそのことを知っているので「今日は一番難しい位置にカップを切っているな」と考え、たとえ昨日は簡単にカップを狙えたグリーンでも、その日は安全策を取るようにします。こうして毎日変わる状況をきちんと確認し、目から入る情報を計算してから打っているのです。その処理をしないと、ハマるホールとハマらないホールのある出入りの大きなゴルフになってしまいます。

ゴルフはミスをするスポーツ ミスをカバーできる武器を持とう

基本的にカップは、18ホール中、6ホールを難しい位置、6ホールを簡単な位置、6ホールを普通の位置に切ってあるようです。日によって難しいホールと簡単なホールが変わっていくので、何も考えずに打つとスコアはダメなままです。難しい位置にカップがあるときは、たとえ昨日はうまくいったホールでも、ミスしたときを想定しながら打ちましょう。その際、自分が得意なラインと苦手なラインを覚えておくことも重要です。パッティングの項目で解説したように、人には必ずフックの方が得意とか、スライスの方が得意といった、得手不得手があります。カップの位置が難しい場所にあり、安全に行った方がよいと感じたときは、ミスをした場合でも自分の得意なラインに残るよう想定して打ちましょう。そうすることで、ミスをカバーできるようになるのです。ゴルフはミスをするスポーツです。たとえミスをしたとしても、それが後からカバーできるナイスミスになればよいのです。だから、ドライバーでミスしたらアイアン、アイアンでミスしたらアプローチ、アプローチでミスしたらパッティングでカバーできるようになりましょう。「クォーター理論」でパッティングから順番に解説していくのは、このためです。小さいスイングから順にきっちりと身に付けていれば、ミスしたときにカバーできる武器が増えていきます。それなのに、ドライバーばかり練習していたのでは、カバーできるものがなくなります。

コースに行ったら毎日違う問題を出されていると考えましょう。カップの位置が違うのは当然のこととして、天候によって風も変われば、芝の重さも変わります。そうした「引っかけ問題」にかかわらず、自分が18問中何問うまく解けるかを試すのが、ゴルフ場に行く楽しみです。

そのための準備となるパッティングやアプローチの打ち方をしっかりと身に付け、コースに出たときの応用術を知って、問題に臨みましょう。そうすれば、18問を順番に解いていく楽しみ方を知ることができるはずです。

コラム 5

プロとアマチュアの経験値の違い

世の中では「プロのように」と多くの人がアドバイスしています。しかし、その言葉を信じて「プロのように」やっていても、まったく上達しないという人がほとんどです。それは当たり前のことです。プロは小さい頃からずっと練習を重ね、技術を身に付けて、その技術が落ちないよう今でも毎日練習しています。社会人から始めて、週1回90分の打ちっぱなし練習で月に1回しかコースに行かない人が、そんな人と同じことをして、同じ結果が出るはずがありません。

プロとアマチュアには決定的に違う三つの要素があります。それは「スタート年齢」、「練習量」、コースでの「ラウンド回数」です。これをわかりやすく表にまとめてみましょう（左ページ参照）。「スタート年齢」はゴルフを始めた年齢です。プロになっている人は若い頃からレッスンを始めたという人がほとんどです。プロになった人は一ケタの年齢から遅くても10代までにはゴルフを始めています。ところが、一般の人で10代の頃からゴルフをやっているという人は珍しいです。30代や40代で始めたという人が多いのではないでしょうか。

レベルごとの経験値の違い

経験値 / レベル	スターﾄ年齢 ～20歳 ―◎ ～30歳 ―○ ～40歳 ―△ 40歳～ ―×	練習量 1年に100回以上 ―◎ 1年に70回以上 ―○ 1年に50回以上 ―△ 1年に50回未満 ―×	ラウンド回数 1年に100回以上 ―◎ 1年に70回以上 ―○ 1年に50回以上 ―△ 1年に50回未満 ―×
上級 【スコア】 70台 プロ トップアマ	◎	◎	◎
中～上級 【スコア】 80台 シングル	○	○	○
初～中級 【スコア】 90台 アベレージ 一般のゴルファー	△	△	×
初級 【スコア】 100台 初心者	×	×	×

次に練習量ですが、1年のうちにあなたは何回練習していますか？　100回以上なら大したものですが、まともに仕事をしてる人が3日に1回練習できるはずがありません。コースに出てラウンドした回数もそうです。1年のうちにあなたは何度コースに出ましたか？　プロは毎週のように試合をしています。

こうして考えてみると、プロとアマチュア、特に初心者レベルの人との間には、埋めきれないほど大きな違いがあります。それなのになぜ「プロのように」を目指すのでしょう。プロは若いときから練習量が多くラウンド回数も多いから、その経験の蓄積で正しくできるように身体が覚えたのです。反面、身体で覚えたプロはその技術を言葉で説明できない人が多く、レッスンのときも感覚やイメージで解説します。偶然身に付けた技術を感覚で説明されても、それを聞いているアマチュアはなおさら理解できるわけがありません。

だから、まずは正しい理屈を知って、順序よく少しずつ練習するしかないのです。理論を知り、練習し、コースに出て試す。この「知る・する・試す」を繰り返して、正しい技術を身に付けていきましょう。

おわりに

本書ではショートゲームに焦点を当て、パッティングとアプローチの技術を向上させるために必要な「クォーター理論」の一部を紹介してきました。でも、「クォーター理論」には続きがあります。本書で紹介したことがしっかりと身に付いたら、それを土台にして、少しレベルを上げた練習が必要ですし、もっと長い距離のアプローチも磨かなければいけません。また、いくらスコアをまとめる鍵がショートゲームにあるといっても、フルスイングの練習も無視するわけにはいきません。学ぶべきこと、知るべきことはまだまだあるのです。

ただし、僕がこの理論の基礎にしている考えは本書でも十分わかってもらえたと思います。世の中で正しいとされていることを、そのまま信じてやっていても上達はしません。世の中では、少数派、非常識などと呼ばれていてもやっていることの中身は正しい場合がよくあります。固定観念にとらわれず、自分自身の頭で考えて、それが正しいのか正しくないのか、もう一度判断してみることが大事です。

打ちっぱなしに行くと「コースボール使用」と書いてあるところがあります。これを見て深く考えない人は「ああ、いいな」と思います。でもよく考えてみてください。多少、質の悪いボールでも、練習のときは均一のボールの方が同じ条件での比較ができていいのです。ロストボールを集めたコースボールには、硬いボール、柔らかいボールが混じっています。つまり、これで練習すると、1球ごとに打球が上がったり上がらなかったりします。ボールをいつでも同じように打てるのが、本来の目標です。1打ごとに打感の違うボールを打って、何が身に付くのでしょう。「コースボール使用」と見ると、一見良さそうに見えますが、実は違うんです。「何のために練習をするのか?」という目的がはっきりとわかっていれば、こうした間違いに気付くはずです。何をするときでも目的が一番大事なのです。

このように考え方を変えるためのヒントは、あなたが暮らしている周りにもたくさん落ちています。それを見落としている人は何をやっても成功しません。旅行に行ったときもレストランに食事に行ったときも、いくらでも学べるヒントがあります。周りには様々な人がいるので、他人を見ているだけでも多くのことが学べます。何も立派な人の行動を見て、それをまねるだけが学びではありません。「ああいう人にはなりたくないな」と思う人がいたら、その逆をしようと思えばいいんです。大事なことがたくさん落ちているのに、多くの人がそれらを見逃しています。スマホばかり眺めていてはもったいないのです。ゴルフがなかなか上達しない人も同じです。こうした人の行動を僕は「失敗者の行動パターン」と呼んでいます。ダメな人の行動パターンは決まっているんです。

あなたは「失敗者の行動パターン」になっていませんか？　多数派の意見に流されて、自分自身で考えもせず、そのままやり続けるのも「失敗者の行動パターン」です。本書をきっかけにそのパターンはもう捨て去りましょう。セオリーを捨てて、これまで思ってもみなかった考え方で、もう一度自分のゴルフを見直してください。

本書で紹介した内容から「そういう考え方があるのか」という刺激を感じ取ってくれた人もいると思います。その新しいことに挑戦するかしないかはあなた次第です。世の中の常識にとらわれず、新しいことにどんどんチャレンジしていく勇気を持ちましょう。それこそが「成功者の行動パターン」。成功、そしてゴルフ上達への近道です。

ゴルフアカデミー
EAGLE18

ゴルフアカデミー「EAGLE18」は「クォーター理論」独自のプログラムに沿ったレッスンを受講できるゴルフスクール。上級者から初心者、ジュニアまで誰でも質の高いレッスンに、天候などの影響を受けない快適な環境で取り組むことができる。

ゴルフアカデミー「EAGLE 18」

〒194-0005 東京都町田市南町田5-11-16
東名高速道路 横浜町田IC 車5分
【営業時間】平日10:00〜22:00／土日祝9:00〜21:00
【定休日】毎週月曜日
【お問い合わせ・レッスン予約】
TEL:042-705-7018　FAX:042-705-7021

桑田泉のゴルフアカデミー
EAGLE 18
EAGLE 18
DOUBLE EAGLE

桑田 泉

（くわた いずみ）

株式会社ダブルイーグル代表取締役。1969年11月25日、大阪府出身。兄は元プロ野球選手の桑田真澄氏。青山学院大学卒業後にゴルフに転向し、現在は日本プロゴルフ協会（PGA）のティーチングプロとして活躍。2007年より東京・町田市のインドア練習施設「イーグル18」を主宰。2010年、自らが提唱する「Quarter理論」によりPGAティーチングプロアワードの最優秀賞を受賞。

桑田 泉のクォーター理論
90切りを常識にする
アプローチ&パットの攻略法

2016年12月25日　初版第1刷発行

著　者　桑田 泉

発行者　滝口直樹

発行所　株式会社マイナビ出版
〒101-0003 東京都千代田区一ツ橋2-6-3 一ツ橋ビル2F
電話　0480-38-6872【注文専用ダイヤル】
03-3556-2731【販売部】
03-3556-2735【編集部】
URL　http://book.mynavi.jp

編　集　橋本 学（リベロスタイル）

カバー・本文デザイン　土井敦史（天華堂noNPolicy）

印刷・製本　中央精版印刷株式会社

※価格はカバーに記載してあります。
※乱丁・落丁本についてのお問い合わせは、TEL：0480-38-6872【注文専用ダイヤル】、または電子メール：sas@mynavi.jpまでお願いします。
※本書について質問等がございましたら（株）マイナビ出版編集第2部まで返信切手・返信用封筒を同封のうえ、封書にてお送りください。お電話での質問は受け付けておりません。

Printed in Japan ISBN978-4-8399-6136-7 C0075